考古器物绘图

马鸿藻 著

KAOGU QIWU HUITU

考古绘图是一门具体地把制图学应用于考古工作和研究，用制图学的理论和技术来说明考古材料的基础技术科学。本书概括地论述了考古绘图的意义、种类，初步介绍一些有关考古绘图的必要知识，如绘图工具的使用，绘图的步骤与方法，图字的标注及素描的基础知识在考古绘图中的具体应用等。全面而系统地讲述了考古器物绘图的基本原理和操作要领，较好地做到了理论和实际的结合。全书结构合理，逻辑性较强。

北京大学出版社

PEKING UNIVERSITY PRESS

图书在版编目（CIP）数据

考古器物绘图／马鸿藻著．—北京：北京大学出版社，2008.11
（博雅大学堂·考古文博）
ISBN 978-7-301-14558-6

Ⅰ.考… Ⅱ.马… Ⅲ.考古制图 Ⅳ.K854.1

中国版本图书馆 CIP 数据核字（2008）第 177459 号

书　　　　名：考古器物绘图
著作责任者：马鸿藻 著
责 任 编 辑：张　晗
标 准 书 号：ISBN 978-7-301-14558-6/K·0553
出 版 发 行：北京大学出版社
地　　　　址：北京市海淀区成府路 205 号　100871
网　　　　址：http://www.pup.cn
电 子 信 箱：pkuwsz@yahoo.com.cn
电　　　　话：邮购部 62752015　发行部 62750672　出版部 62754962
　　　　　　　编辑部 62752025
印 刷 者：北京飞达印刷有限责任公司
经 销 者：新华书店
　　　　　　　650mm×980mm　16 开本　15.75 印张　220 千字
　　　　　　　2008 年 11 月第 1 版　2023 年 2 月第 9 次印刷
定　　　价：55.00 元

未经许可，不得以任何方式复制或抄袭本书之部分或全部内容。
版权所有，侵权必究
举报电话：010-62752024；电子信箱：fd@pup.pku.edu.cn

考古器物绘图

宿白

序

　　考古学是研究人类实物遗存以阐明人类历史的学科。实物遗存都具有一定的形状,研究各种实物遗存的形状特征及其演变规律,不但是考古类型学赖以建立的基础,而且是全面研究考古学文化的必要条件。各种遗迹、遗物和花纹的形状特征,可以用文字来描述,但是难以做到准确和直观。照相不但可以做到直观而且有真实感,但难以反映各个部位的具体尺寸和准确的空间位置,仅仅根据照片无法准确复原所拍摄的对象,这要靠考古绘图来解决。因此,考古学对于实物的记述,总是把文字描述、绘图和照相结合起来,以尽可能真实地再现实物的原貌。

　　考古绘图不同于一般的绘画,它基本上是一种几何作图,就是根据制图学的投影原理,结合考古遗存的特点而发展起来的一门技术性学科,属于考古技术的范畴。

　　我国的考古绘图基本上是跟考古学一同发展起来的,经过多次改进,逐步形成了自己的特点。从1952年北京大学设立考古专业以来,考古绘图一直是考古技术的必修课之一。最早是由中国科学院考古研究所的徐智铭和郭义孚两位先生开设的，他们讲授的课程是考古测量与绘图，基本内容后来发表在考古研究所编辑的《考古学基础》一书中。50年代后期由刘慧达先生接着讲授考古绘图，她陆续编写和修订的教材在"文化大革命"的动乱中不幸散失。从1981年起由本书作者马鸿藻讲授考古绘图，他曾多次就教于郭义孚先生，获益良多。在讲课的基础上重新编写教材，其后又几经修改，于1993年由北京大学出版社正式出版了《考古绘图》一书，受到有关方面的好评。该书于1996年获北京大学第三届教材优秀奖。

考古工作和研究的不断发展，对考古教学提出了更高的要求，考古绘图也应更进一步。作者多年来不但讲授考古绘图，还担任繁重的绘图任务，工作踏踏实实。他根据自己多年积累的绘图与教学经验，广泛收集资料，还多方征求意见，专门就考古器物绘图进行了较大幅度的修改和补充，形成了一本新的著作。这就是本书产生的原委。

本书比较全面而系统地讲述了考古器物绘图的基本原理和操作要领，较好地做到了理论和实际的结合。全书结构合理，逻辑性较强，插图丰富，不但有各种器物和各种表现手法的实例，还举了一些容易犯错误的例子，反复讲述怎样画才是正确的，怎样表现才是最好的。作者在本书的最后一章还专门讨论了插图的阅读和分析。器物或花纹图是一幅一幅画的，但放在书籍中就有一个如何配合的问题。插图的大小、摆放的位置都是有讲究的。如果一幅插图中有多个器物或花纹，如何配置成整幅的图，使它既符合科学性，又有一定的艺术性，做到科学性与艺术性的完美结合，应该是考古绘图必须追求的目标，也是编著本书的宗旨。相信本书的出版，对于提高考古绘图和相关绘图教学的质量会有一定的帮助。

是为序。

严文明

2007年6月

目 录

第一章　绪论 /1
　　一、考古绘图的意义 /1
　　二、制图与绘画的区别 /2
　　三、学习的目的、方法与基本要求 /3
　　　　（一）学习目的 /3
　　　　（二）学习方法 /3
　　　　（三）基本要求 /3

第二章　投影 /4
　　一、投影制图的目的和任务 /4
　　二、投影的基本概念 /5
　　　　（一）投影的形成 /5
　　　　（二）投影方法的分类 /6
　　　　（三）投影方法的比较 /8
　　　　（四）正投影的基本原理 /9
　　　　（五）正投影作图 /12
　　三、考古绘图对投影制的选用 /20

第三章　室内器物绘图的主要方法 /26
　　一、直角坐标法 /26
　　二、轴对称法 /28

　　　　（一）确定轴线 /28
　　　　（二）选点测量 /28
　　　　（三）凭值绘图 /28
　　三、远距灯光投影法 /31
　　　　（一）设置台板 /31
　　　　（二）调整光源 /31
　　　　（三）摆放器物 /31
　　　　（四）凭影绘图 /33
　　四、光学投影仪器投影法 /33
第四章　各类器物的具体绘制方法 /34
　　一、石器 /34
　　　　（一）打制石器 /34
　　　　（二）磨制石器 /41
　　二、陶器 /44
　　　　（一）圆形陶器 /44
　　　　（二）三足陶器 /70
　　　　（三）残器片 /80
　　　　（四）模型明器 /92
　　三、铜器 /103
　　　　（一）视图 /103
　　　　（二）比例 /107
　　　　（三）轮廓 /107
　　　　（四）剖面 /107
　　　　（五）纹饰及其描绘 /114
　　四、铁器 /130
　　五、漆器 /133
　　六、其他 /134

　　　　　（一）骨器/135

　　　　　（二）玉器/135

　　　　　（三）蚌器/135

　　　　　（四）棉、毛、麻及丝织品/135

　第五章　器物的剖面及剖视图/140

　　　一、全剖面/141

　　　二、半剖面/141

　　　三、旋转剖面/146

　　　四、局部剖面/146

　　　五、隐线剖面/150

　　　六、附加剖面/152

　　　七、详细剖面/153

　　　八、鬲的剖视图/154

　　　九、鼎的剖视图/154

　　　十、剖视图在考古应用中值得注意的问题/158

　第六章　器物的缩放/163

　　　一、设格缩放/163

　　　二、射线法缩放/165

　　　三、缩放尺及光学仪器缩放/165

　第七章　器物的光线处理/167

　　　一、用点描绘光线/168

　　　二、用线描绘光线/168

　　　三、用点与线结合描绘光线/168

　　　四、用渲染方法描绘光线/173

　　　五、用彩色描绘光线/173

　第八章　曲面的展开与近似展开/174

　　　一、概述/174

　　　　二、可展开的曲面 /176

　　　　三、不可展开的曲面、球面的近似展开 /180

第九章　器物花纹的展开 /183

　　　　一、可展开面上花纹的画法 /183

　　　　二、不可展开曲面上花纹的处理方法 /185

第十章　插图的阅读与分析 /195

　　　　一、正确性 /195

　　　　　　（一）投影概念问题 /196

　　　　　　（二）视图选择问题 /199

　　　　　　（三）用线准确问题 /202

　　　　　　（四）体例统一问题 /208

　　　　二、艺术性 /213

　　　　　　（一）主题明确问题 /213

　　　　　　（二）组图位置问题 /213

　　　　　　（三）协调美观问题 /215

　　　　　　（四）插图标示问题 /223

主要参考书目 /235

后记 /237

插图目录

图一　　投影的形成
图二　　中心投影法
图三　　平行投影法中的正投影
图四　　平行投影法中的斜投影
图五　　正投影平面上一个投影的异同
图六　　投影平面的设置
图七　　关于空间象限的规定
图八　　投影面的旋转方法及展开后的效果示意图
图九　　点的一面投影
图一〇　直线在空间的各种位置投影
图一一　平面在空间的各种位置投影
图一二　四棱柱的三面正投影及展开位置图
图一三　几何体投影图的阅读
图一四　空间物体投影图的判断
图一五　几何图和悬山门的正投影及轴测投影直观图
图一六　考古绘图对投影制的选用
图一七　投影制的比较
图一八　考古器物视图的习惯排列方式
图一九　直角坐标法投影原理示意图
图二〇　轴对称法测绘步骤示意图
图二一　轴对称法测绘铜敦步骤示意图
图二二　远距灯光投影法具体设置示意图

图二三　打制石器视图及其排列示意
图二四　打制石器外形轮廓测绘方法示意
图二五　打制石器的特征示意图
图二六　打制石器视图及描绘方法图例
图二七　磨制石器视图及描绘方法图例
图二八　XY坐标面的设置直观示意图
图二九　摆放器物示意图
图三〇　直角坐标法凭点测绘器物外形轮廓示意图
图三一　沿Z轴基线移动Y轴测绘器表细部示意图
图三二　变动Z轴基线测绘器表细部示意图
图三三　陶壶正面视图
图三四　镂空器物的表示
图三五　圆形陶器剖面
图三六　圆形陶器轮廓线及剖口线处理方法示例
图三七　陶器制作痕迹的描绘图例
图三八　压印绳纹描绘图例
图三九　压印篮纹、方格纹和弦纹描绘图例
图四〇　线纹、划纹和剔刺纹描绘图例
图四一　附加堆纹描绘图例
图四二　利用坐标法补绘彩绘纹饰
图四三　彩绘陶器视图及其描绘方法
图四四　彩陶纹饰的用笔描绘
图四五　复色图案技术处理图例
图四六　三足陶器视图选用及排列方法图例
图四七　三足器剖面及其处理
图四八　鬲的剖视图
图四九　鬲的剖视图中裆曲线测绘示意
图五〇　陶鬲剖面内裆线描绘图例
图五一　鼎足剖面具体描绘图例
图五二　三足陶器图例
图五三　求残器口沿直径及测绘摆放方法示意
图五四　残器口沿直径复原图例

图五五　残器口沿片形的表示

图五六　残器腹的表示

图五七　残器底的表示

图五八　残器盖的表示

图五九　残器耳的表示

图六〇　残器足的表示

图六一　残器的复原图例

图六二　陶楼院立体效果图

图六三　陶俑的视图及其排列

图六四　畜俑和兽俑视图及描绘图例

图六五　陶房屋视图及排列组合

图六六　楼阁的视图

图六七　陶俑的表示

图六八　木俑视图及表示

图六九　陶灯等视图及表示

图七〇　铜匜的视图及其排列

图七一　圆形铜器视图及其描绘图例

图七二　三足铜器视图及其描绘图例

图七三　直角坐标法投影原理及测量方法示意图

图七四　铜器的变动剖线示例

图七五　漏斗形铜器剖切部位的选择

图七六　链环式提梁铜壶剖面结构的表示

图七七　铜器与陶器剖口的不同处理比较图

图七八　铸造纹饰中牛角兽面纹饰强伯双耳方座簋的描绘

图七九　铜器铸造纹饰图例

图八〇　兽形铜器图例

图八一　铸造纹饰中的不同描绘图例

图八二　多层铸造纹饰的描绘示例之一

图八三　多层铸造纹饰的描绘示例之二

图八四　多层铸造纹饰中高浮雕的描绘

图八五　借助拓片描绘纹饰

图八六　纹饰描绘要符合投影积聚性变形示例

图八七　铜器嵌镶纹饰的描绘
图八八　铜器刻划纹饰的描绘
图八九　素面铜器的描绘
图九〇　铜羊尊灯活动范围的表示
图九一　铁器铸造特征的描绘
图九二　铁器特征的描绘
图九三　漆鼎纹饰的描绘
图九四　骨器视图及描绘
图九五　玉器视图及描绘
图九六　蚌器视图及描绘
图九七　毛、麻和丝织品纹饰的描绘
图九八　器物的全剖面图例之一
图九九　器物的全剖面图例之二
图一〇〇　陶瓷器半剖面图例
图一〇一　铜器半剖面图例
图一〇二　器物旋转剖面图例
图一〇三　铜朱雀灯局部剖面图例
图一〇四　铜长信宫灯局部剖面图例
图一〇五　器物隐线剖面图例
图一〇六　器物附加剖面图例
图一〇七　器物详细剖面图例
图一〇八　鬲的剖视图
图一〇九　鼎的剖视图及其表示之一
图一一〇　鼎的剖视图及其表示之二
图一一一　陶鼎半剖视分解投影示意图
图一一二　器物剖视图的选用
图一一三　剖面填充线的选用
图一一四　设格缩放器物示意图
图一一五　采用射线法缩放器物示意图
图一一六　用点描绘光线图例
图一一七　用线描绘光线图例
图一一八　用点与线结合描绘光线图例

图一一九　用点与线描绘新郑出土的铜立鹤方壶
图一二〇　表面展开形成的基本要素
图一二一　六棱柱体表面展开示意图
图一二二　四棱锥体表面展开示意图
图一二三　圆柱体表面展开示意图
图一二四　圆锥体表面展开示意图
图一二五　用径向剖面的球展开面画法
图一二六　用平行圆盘面的球展开面画法
图一二七　可展开面上图案花纹的展开图例
图一二八　不可展开的曲面器物举例
图一二九　瓷盘内花纹的展开及近似展开
图一三〇　彩瓶花纹的近似展开
图一三一　战国时代铜壶图案分五段近似展开
图一三二　战国时代铜壶图案平行示意展开
图一三三　战国时代铜敦图案分八段近似展开
图一三四　嵌镶狩猎纹铜壶纹饰分瓣展开示意图
图一三五　器物纹饰结构的示意展开图例
图一三六　器物视图间投影关系错误图例
图一三七　铜牺尊两视图高度值不等图例
图一三八　器物视图的选用与分析图例
图一三九　器物视图组合对比与分析图例
图一四〇　遗漏线条等错误图例
图一四一　错画线条等错误图例
图一四二　较好的陶、瓷器线描图图例
图一四三　较好的铜器线描图例
图一四四　较好的铜器线描图例
图一四五　有问题及错误的线描图
图一四六　同一器物剖面处理要统一一致
图一四七　西周至东周初期铜鼎与铜簋演变分期图表
图一四八　山东龙山文化的陶器组合图
图一四九　富河沟门出土石器、骨器、陶器组合有序
图一五〇　崧泽出土的生产工具组合体例协调一致

图一五一　器物插图组织、配置和安排较好
图一五二　器物插图组织得法图面稳定整齐
图一五三　铜器插图组合（原图三中）不稳定不协调都有错画问题
图一五四　铜器插图组合原图与修正图之比较示例
图一五五　殷墟商代后期陶器分期图表
图一五六　大汶口 M22 墓底平面图及器物组合图
图一五七　大汶口 M10 代表性器物组合图
图一五八　组图中比例尺标示明确而均衡
图一五九　插图比例尺标示欠妥图例
图一六〇　铜方座簋的三面视图组合排列及清绘图例
图一六一　铜盉的两面视图清绘典型图例
图一六二　铜鼎正面视图清绘典型图例
图一六三　铜卣的四视图清绘典型图例

第一章
绪 论

一、考古绘图的意义

考古绘图是为考古学服务的一门技术科学。

人们一般用语言或文字表达自己的思想，但是想用语言或文字表达物体的形状和大小是很困难的。而图样可以准确地表达物体的形状、大小和相互位置，是表达和记述思维与指导生产的重要工具。在许多科学研究工作和科学技术书籍中，都大量使用图形来记录和说明问题，所以说制图是一门基础的技术科学。

考古绘图是具体地把制图学应用于考古工作和研究中，用制图学的理论和技术记录说明考古材料，它直接服务于考古学因而具有专业性和技术性两大特点。前者是指它的目的在于说明考古学中的具体问题，后者指它是为了满足前者需要所采取的具体手段。它可以是用单线及绘图钢笔制图,也可以用毛笔勾线,甚至绘彩色图,但绝不仅限于此。

考古绘图是考古工作中不可缺少的组成部分,它的应用范围贯穿于考古工作的整个过程之中。一份完整的考古发掘报告或论文都附有一定的绘图资料,作为文字部分的形象说明,没有附图的考古报告是很难看懂的。

由于考古工作的内容和具体需要的多样性,在技术层面上也提出了各种不同的要求。因此考古绘图不但要求绘图者要掌握投影作图的方法和具有一定的素描基础,同时,还要求绘图者具备一定的考古专业知识,否则就难于正确而科学地为考古学服务。在此重点对考古器物绘图进行比较全面系统的阐述,谨供同志们在实际工作中参考。

二、制图与绘画的区别

制图与绘画是不同的,主要表现在以下三个方面:

其一,绘画是从美术的角度来作画,而制图是从科学的角度来作图。

其二,绘画是凭借视觉修养和手的技巧来作画,而制图凭借规、尺、板等工具来作图。

其三,绘画的理论基础是艺术理论和透视学,而制图的理论基础是画法几何学。

当然两者之间并非互相排斥或毫无关系,而是相辅相成;有了好的绘画(素描)基础,对于学好制图将会有很大帮助;而绘图的理论根据透视学,也是画法几何学中的一个组成部分。

三、学习的目的、方法与基本要求

（一）学习目的

学习考古绘图的主要目的是：继承和发扬祖国在制图学方面的优良传统与技巧，了解绘图的基本理论知识，熟悉绘图和读图的基本原则与方法，掌握一定的绘图技巧和训练初步的作图能力，培养和发展空间概念及空间想象力，为参加考古专业工作准备必要的技术条件。

（二）学习方法

学习的方法主要是理论联系实际。考古绘图是一门以绘图实践为主的技术科学，所以学习有关制图理论是为了指导作图实践，只有通过实践才能更好地巩固与提高理论知识，并熟练地掌握有关作图规则、方法和技巧。

（三）基本要求

1. 对待绘图的态度要严肃认真，忠于原物。考古绘图是一件十分细致的工作，一定要细心观察，在认识和理解的基础上耐心而正确地进行描绘。将其重点突出地、合理地表达出来，适度运用制图技巧和手段，绝不可随心所欲。作图力求整洁，精确。

2. 注意文物保护工作。文物是非常珍贵的古代遗物，在室内整理测绘器物时要双手捧拿和轻拿轻放，严禁在器物上打格子或乱抹乱画，测绘完毕将器物放回原存放处。

3. 要善于正确而熟练地使用绘图仪器与工具，特别注意对仪器的保护与维修。

4. 要勤学苦练，多看各种书刊插图，注意比较其优缺点。要研究各种表现手法，不要墨守成规。专业的参观、调查和笔记作图都是绘图的辅助训练。这种练习可以培养细致、深入地观察现象的能力，对考古工作者来说是十分必要的。

第二章

投 影

一、投影制图的目的和任务

在我们的生活实践和生产建设中，如何把空间的形体合适而准确地表现在平面上，是具有重要现实意义的。因为不论是加工机械部件还是建造厂房，都要以画在纸上的图样为依据，人们可以从表示一个物体的图样中充分了解该物体的位置、形状和大小。所以这种图样所担当的任务，远非普通图画所能胜任。投影制图学就是专门研究如何准确地把空间形体表现在平面上的科学。因此，学习投影制图的目的是：

其一，会画图。学会用各种方法把空间形体的位置、形状和大小正确而合理地表现在平面上。

其二，会识图。学会把绘制在平面上的图形准确地想象出来。

其三，学会利用各种图解法来解决形体在空间的几何问题。

投影制图是考古绘图的理论基础，每一个考古专业人员都必须掌握投影制图的理论和方法，否则就很难圆满地完成任何有成果的技术性和专业性的工作。

同时，通过投影制图的学习，不仅能培养和发展人们的空间想象力，而且能培养人们严密的思维方法和独立工作的能力。

投影制图是以正投影法为基础的。因为任何空间形体都可以看成是由点的运动连成线，由线的运动展成面和由面的运动积成体的，所以我们首先从点的投影讲起。

二、投影的基本概念

（一）投影的形成

在投影制图学里，将空间的形体表现在平面上的方法称为投影法。如大家所熟悉的灯光把物体的影子照射在墙上，电影放映机把胶片上的画面映在银幕上等等。从这些现象中，可以看出它们具有共同点，那就是都具有影子。我们称这些影子为物体在平面上的投影。

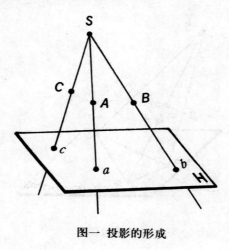

图一 投影的形成

假设在空间有一个平面 H 和面外一点 S（如图一所示），在空间任取一点 A，经 A 和 S 引一直线使与平面 H 相交于点 a，则点 a 就是空间点 A 在平面 H 上的投影。它们的名称如下：

H——投影面

SA——投影线

S——投影中心

A——空间点

a 为空间点 A 在 H 面上的中心投影。

同理，可求出点 B 和点 C 的投影 b 和 c。

（二）投影方法的分类

投影的方法有中心投影法和平行投影法。平行投影法又可分为直角投影和斜角投影。本书中所要着重讲述的是平行投影法中的直角投影（即正投影）。

1．中心投影法（即透视投影法）

假设投影线由一点出发，将空间形体表现在投影平面上的方法，称为中心投影法。

图二就是用中心投影法得到空间三角形 ABC 在投影平面"H"上的投影 abc 的。

中心投影法应用得非常普遍，因为用这种方法所得到的图形非常直观。

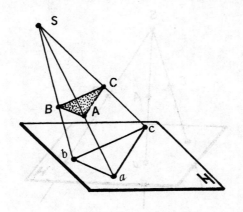

图二 中心投影法

它给人以立体感、真实感。这种方法多用于绘制透视图。但是因其绘制方法比较复杂,而且图中的尺寸不能直接量出,所以在考古绘图中除车、船以及砖室墓的复原图外,一般很少应用。

在这里,我们仅根据实际工作的需要简单地介绍中心投影法的基本原理,而重点介绍平行投影法中的直角投影,即正投影。

2. 平行投影法

平行投影法也可以看作中心投影法的一种特殊情况,即当投影中心位于无穷远时,所有投影线互相平行,此时所得到的投影称为平行投影。例如人们通常把太阳光线看作是互相平行的。

平行投影法中包括正投影和斜投影两部分,正投影和斜投影是根据平行投影原理作图;透视投影法是根据中心投影原理作图。

① 正投影(即直角投影)

当诸投影线互相平行,并与投影平面垂直相交(其投影线与投影面垂直时我们称投影线为投射线)时,这种方法称直角投影法,亦称正投影。如图三所示就是平行投影法所得到的正投影图例。

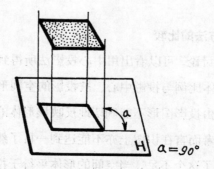

图三 平行投影法中的正投影

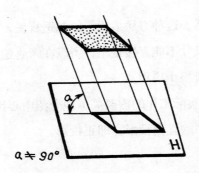

图四 平行投影法中的斜投影

② 斜投影（即轴测投影）

当诸投影线互相平行，并与投影平面呈倾斜相交时，这种方法称为斜投影（亦称轴测投影）。如图四所示。

斜投影（轴测投影）是用平行投影法（正的或斜的）将物体连同直角坐标轴同时投射在一个投影平面上而获得的投影。

斜投影是物体图的另一种画法，由于这种图形较容易看出物体的整个形状与其在空间的位置，所以在考古绘图中有时采用。

斜角投影按投影线的方向不同可分为2种：投影线垂直于投影面的，称为正轴测投影；投影线倾斜于投影面的称为斜轴测投影。每类轴测投影又按照其轴间角及缩短系数的不同而分为若干种，通常采用的有正等测、正二测和斜二测三种。

（三）投影方法的比较

通过上面的讨论，可以看出用中心投影法所得到的投影大小与真实形状并不一致，其具体比例与投影中心、被投影的空间形体和投影面的相对位置有关，也就是说由投影图形不能确切地反映该形体的真实大小，这是一个缺陷，对考古工作者而言在识图上亦不能达到一目了然。利用直角投影法所得到的投影却补偿了这个不足，当空间的形体平行于投影平面时，其大小和投影图是一致的。在同等条件下，中心投影法就不具备这一特点。

所以在考古绘图工作中，平行投影法是主要的。又因为斜角投影法（轴

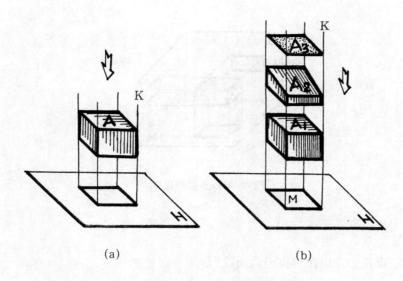

图五 正投影平面上一个投影的异同

测投影法）在作图方面没有直角投影那样方便简单，所以根据考古工作的实际，应用最广的就是直角投影法（正投影）。根据投影平面上的一个投影，不能确定它所反映的空间形体的大小、形状和位置。

如图五（a）所示，当空间形体 A、投影平面 H 和投影线 K 的位置和方向均被确定之后，则 A 在投影面 H 上的投影形状、大小和位置完全可以确定。相反，如图五（b）所示，假设已知投影面 H 上的一个投影 M，则我们就无法确定该投影究竟是反映空间形体 A1、A2 还是 A3，或是其他空间形体。

所以要想在运用直角投影法的基础上，由空间形体的投影图确切地反映形体的形状、大小和位置，就需要运用投影作图所采用的最基本的原理——正投影了。

（四）正投影的基本原理

根据正投影平面上一个投影，不能确定它所反映的空间形体的形状、大小和位置。为此必须增加投影平面，将空间形体的投影面增加到两个或两个以上，才可以确定该物体在空间的确切位置、真实的形状和大小。利用二个投影面获得的空间物体的正投影简称两面投影，利用三个投影面获得的投影

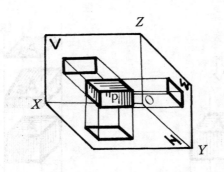

图六 投影平面的设置

简称三面投影。以此类推至六面投影。

1．投影平面的位置

为了作空间形体的正投影图，假设在空间选定两个或三个互相垂直的投影平面，如图六所示，然后设想将空间形体放置在其中的适当位置，分别从三个或两个方位向各投影面进行垂直投影。

2．投影平面和投影轴的规定标记

依据上面的假设，水平位置的面称为横投影面（简称横面），用字母H表示（又称H面）。纵面垂直位置的面称为纵投影面（简称纵面），用字母V表示（又称V面）。侧面垂直位置的面称侧投影面（简称侧面），用字母W表示（又称W面）。

各投影面的交线称为投影轴，具体名称为：纵面与横面的交线称X轴，以OX表示。横面与侧面的交线称Y轴，以OY表示。纵面与侧面的交线称Z轴，以OZ表示。三投影轴互相垂直相交于一点，称为原点，用字母O表示。如图六所示。

3．关于空间象限角的问题

如图七（a）所示，两个互相垂直的投影面把空间分为如图中所示的1、2、3、4四个部分，称为象限，并以图中编号顺序分别称为第一、第二、第三和第四象限（也称为第一角、第二角、第三角和第四角）。

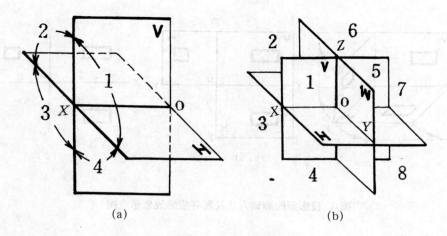

图七 关于空间象限的规定

图七（b）为三个互相垂直的投影面，它们把空间分为如图中所示的八个部分，也称为象限，其具体名称如图中标号所示。

在本书讨论有关投影情况和作图方法时，主要采用第一象限进行物体的投影（即第一角投影）。如图六所示。在以后的叙述中不再加上在第一角投影等说明。

4．投影平面的旋转方法

由图六可以清楚地看出，空间形体的投影是分别位于空间各投影面的。为便于实际应用需要，应使空间形体的投影均处在同一平面上，在投影平面展开方法上要按如下规定进行：

在两个或三个互相垂直的投影面上得出物体的各投影后，应设法将空间形体和投射线除去，而保留它们所得的各投影，使纵面（V面）保持不动，将横面（H面）连同其上的投影绕OX轴向下旋转$90°$，并将侧面（W面）连同其上的投影绕OZ轴向右旋转$90°$，使三个投影面均位于同一个平面内，如图八（a）所示。

图八（a）中H面和W面旋转后，即得图八（b），此时空间形体的投影位于同一平面内。

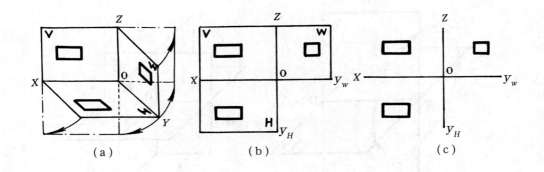

图八 投影面的旋转方法及展开后的效果示意图

在实际投影作图时,常常假设各投影面均为无限大的平面,所以在作正投影图时,一般都省略投影面的边界线,此时投影图的实际效果如图八(c)所示。

综上所述,一般简单的形体,仅需要两个投影面就可以反映出它的形状、大小。如果形体比较复杂,则必须利用三个或三个以上的投影平面,才能达到全面反映它的形状、大小的目的。利用两个投影面获得的空间物体的正投影简称两面投影图,利用三个投影面获得的物体的正投影简称三面投影图。

(五)正投影作图

各种几何图形都是无数个点的集合,这些点称为几何基素。只根据在一个投影面上的投影,不能确定点、线、面或体在空间的位置,只有在两个或两个以上的投影面之投影,才可以确定该物体在空间的确切位置。

1. 点的投影

对于一个投影面而言,一个点的投影仍然是一个点,两个点的投影在一般情况下,仍然是两个点;特殊情况下,例如两点连线平行于投射线时则其投影为一个点,例如图九所示。

在两投影面体系中,空间点对于两投影面所处的位置不同,则它们的投影在投影图中的位置也各有不同。

从以上所述可知,一个点在一个投影面上的投影不能确定该点在空间的

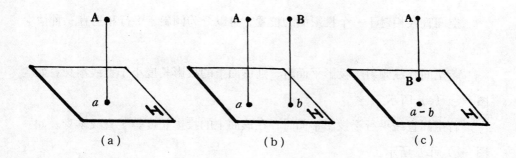

(a)   (b)   (c)

图九 点的一面投影

确切位置，一个点的两个投影已能确定其在空间的位置，但是如果被投影的形体比较复杂时，则需要更多的投影才能表现得清楚。所以通常采用三个投影面体系为最多。点的三面投影是在二面投影的基础上多加了一个投影面而成的。因此，根据点的坐标可以在投影图中画出该点的三个投影，根据投影图中点的投影可以确定该点的坐标和空间位置；根据点的投影规律，可以由点的两个投影求出第三投影。

2．直线的投影

直线是一个点沿一定方向移动所形成的轨迹。直线的位置是由该直线上两点来确定的，若要做直线的投影只要做直线上两点的投影，并将投影连接起来即得直线的投影。

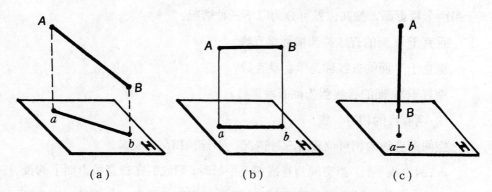

(a)   (b)   (c)

图一〇 直线在空间的各种位置投影

空间直线相对于一个投影面的位置，可以分为倾斜、平行和垂直三种情况。

若空间直线倾斜于投影平面时，则该面上的投影长度小于直线本身。如图一〇（a）所示。

若空间直线平行于投影平面时，在该面上的投影长度等于直线本身。如图一〇（b）所示。

若空间直线垂直于投影平面时，在该面上的投影长度为零，此时直线两端点投影集中为一点。如图一〇（c）所示。

空间直线相对于三个投影面所处的位置不同，可产生下列三种情况：

① 一般位置直线

一般位置直线对三个投影面的投影都倾斜于投影轴，而且在三面的投影都小于原直线的实际长度。

② 特殊位置直线

A．平行于一个投影平面的直线称为平行线，按其位置可分为以下三种情况：

平行于H面的直线，称为横面平行线（即水平平行线）；

平行于V面的直线，称为纵面平行线（即正面平行线）；

平行于W面的直线，称为侧面平行线。

B．垂直于一个投影面的直线叫做垂直线，此种位置的直线如果同时平行于另两个投影面，按其位置可分为以下三种情况：

垂直于H面的直线称为横面垂直线；

垂直于V面的直线称为纵面垂直线；

垂直于W面的直线称为侧面垂直线。

③ 两直线的相对位置

空间两直线的相对位置有三种情况：平行、相交和交叉。

A．两直线平行：当空间两直线相互平行时，则它们在任意投影面上的投影一定互相平行。如果在投影图上两直线的三组同名投影互相平行，就可以判定此二直线在空间一定是平行的。

B．两直线相交：当空间两直线相交时，则它们在任意投影面上的投影一定相交，并且同名投影的交点的连线一定垂直于对应的投影轴。

C．两直线相交叉：当空间两直线既不平行也不相交时，就说它们为交叉。在空间交叉的两直线在某一投影面的同名投影有可能相交，但各同名投影的交点不在相应投影轴的垂线上。

3．平面的投影

① 平行投影的基本规律

对于一个空间平面（例如一个圆）而言，它相对于一个投影平面（例如H面）的位置有以下三种特性

A．该圆平行于H面，此时该圆在H面上的投影之形状、大小与该圆之形体完全一致，如图一一（a）所示。

B．该圆垂直于H面，此时它在H面上的投影为一条线段，其长度等于该圆的直径，如图一一（b）所示。

C．该圆倾斜于H面，此时它在H面上的投影产生形变，有形变的投影图之最大形体长度等于圆的直径，如图一一（c）所示。

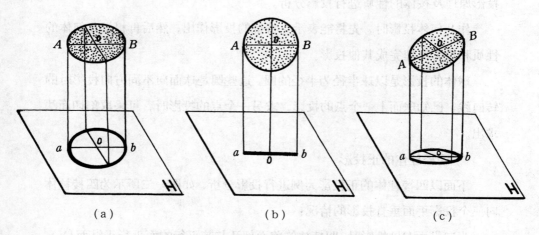

图一一 平面在空间的各种位置投影

②空间平面相对于三个投影平面所处的位置也有以下几种特性

A．倾斜于三个投影面的平面叫一般位置平面，它的三个投影都不能反映它在空间的实形。

B．垂直于一个投影平面，在所垂直的投影面上的投影为一直线。此投影成直线的平面有积聚性（即平面上的任意图形都积聚在此投影直线上）。此投影直线与两轴的夹角表示平面与另外两投影面的倾角。

C．平行于某一投影面之平面，在所平行的投影面上的投影等于它在空间的实体，而在另两个投影面上的投影都为直线，且每一投影直线均平行于相对应的投影轴。

4．几何体的投影

几何体投影以点、线和面投影为基础，体的范围由体的表面确定，表面是平面的几何体称为多面体，表面是曲面与平面组成的或全是曲面的几何体称为旋转体。几何体上两个面的交线称为几何体的轮廓线，但要想确定曲面的立体投影范围，还需要曲面上最大、最小外形的轮廓线。因此作几何形体的投影就是画出体上所有轮廓或外形线的投影。

① 作几何体投影图的基本方法

几何体投影是点、线、面投影的综合，因此在作图时也需要用点、线、面投影原理及按体的性质进行投影分析。

作几何体投影时，先将能表示它特征的投影作出，然后再根据几何体的性质和投影原理完成其他投影。

球体的投影是以球半径为半径的圆，这些圆是球面向不同方向投影时的转向线，已知球面上一个点的投影，求另一个点的投影时，可采取剖切面法求出。

② 四棱柱体的正投影

下面以四棱柱体的正投影为例进行投影分析，如图一二所示为四棱柱体向三个投影平面垂直投影的情况：

当向纵面（V）投影时，四棱柱的前面部及与其平行的面平行于纵面（V），

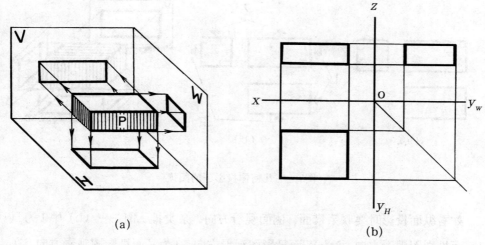

(a)   (b)

图一二 四棱柱的三面正投影及展开位置图

所以它们在纵面（V）上的投影是一个矩形；顶面、底面和左右两面垂直于纵面（V），在纵面（V）的投影各为一条直线，并分别重合于前面部的投影轮廓线。

当向横面 H 投影时，顶面及底面均平行于横面 H，所以在 H 上的投影为一个矩形，而棱柱的前后，左右四个面则垂直于 H，故在 H 上的投影分别为直线，并且与顶面投影的轮廓线一一重合。

同理，在侧面 W 上的投影中反映出了四棱柱的左面和右面实形，投影中的四边也反映了四棱柱的顶、底、前、后四个面在侧面 W 上的投影。

如果四棱柱相对于投影平面的位置变了，则在投影图上四棱柱体的投影形状及其相对于投影轴的位置也必然随之变化。

③ 几何体投影图的阅读

我们除了要画出几何体的投影图外，还要善于识读已画出的物体投影图。在读图时，首先应当对已画出的投影图确定视图方向，例如图一三（a）就是一已知的三面投影图。图一三（b）就是从一个投影图上确定对另一个投影图的观看方向。观看时把三个图的视线联系起来，从上下左右相互对着看，例

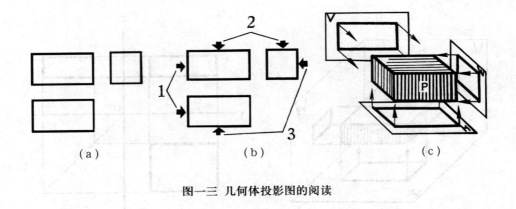

图一三 几何体投影图的阅读

如看纵面投影时要联系横面、侧面观看方向,余类推。图一三(b)中1为H面投影图观看方向,2为W面投影图观看方向,3为V面投影图观看方向。在观看时要假想把各投影面上的投影图回复到空间投影时的原状,如图一三(c),这样就不难想象出空间物体的形状了。

我们观看空间物体的投影图时,如果只看一个投影图往往不能判断该物体的形状,必须看两个或两个以上的投影图才能判断出该物体的实际形状,尤其对比较复杂的空间形体,只凭一两个投影图是根本不行的。例如图一四所示,(a)、(b)、(c)三投影图中的纵面与横面投影图完全相同,但侧面投

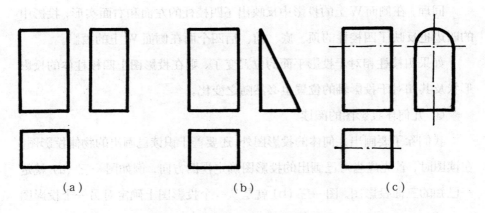

图一四 空间物体投影图的判断

影图各不相同,这时必须凭侧面投影图才能最后确定三个图中表示的是三个不同形状的物体。

为了加深对几何体正投影的理解和认识,下面列举了圆柱、圆锥和悬山门的正投影图及轴测投影直观图,如图一五所示,供学习参考。

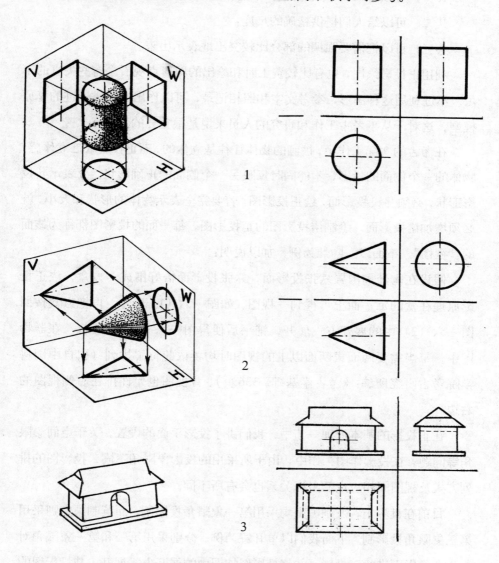

图一五 几何图和悬山门的正投影及轴测投影直观图
1.圆柱体 2.圆锥体 3.悬山门的三面投影

三、考古绘图对投影制的选用

考古绘图最常用的方法是正投影作图法，具有下面三个优点：

其一，可以给人们形象的概念；

其二，可以给人们提供精确的尺度；

其三，可以把需要强调的部分比较突出地表示出来。

利用正投影绘图，也有比较费工时和绘出的图形直观看去有些失真的不足。不过利用这种图形，参考文字和照相记录，可以作出遗物或遗迹的复原模型，这对于从事考古工作和研究的人员来说是很重要的。

在考古的实际工作中，被画的物体往往是立体的，而正投影缺乏立体感，物体的一个侧面的投影，不能同时反映另一个侧面的正确形状，要表示其投影形状，必须另设投影面，绘正投影图。若要完全表示物体的形状和大小，就必须增加诸投影面，绘制诸投影图的正投影图。每一面的投影图都称为该面的"视图"。下面以一陶灶为例，加以说明：

假设在陶灶周围置六张投影面，六张投影面恰好围成一方盒，依正投影原理在盒的每一面上可得到一视图，如图一六（1）所示。再把方盒按照图一六（2）中的展开方式展开，铺平后便得图一六（3）的形状。在器物图中，每当需要两面或两面以上的视图时均要依此位置排列（引自中国科学院考古研究所编：《考古学基础》336页）。背视图也允许排在右侧视图的右边。

在正投影的基本原理一节中，我们讲了投影平面的设置，关于空间象限角等问题。在投影作图工作中，由于所采用的投影象限角不同，投影图的排列方式及视图间相应点的坐标关系也会有所不同。

目前在世界上，公制国家均采用第一象限角投影制，而英制国家则采用第三象限角投影制。下面我们以单耳罐为例，分别采用第一和第三象限角对其六个投影面进行正投影，并将投影图按图中的展开方式展开，其投影图的排列方式及视图间相应点的坐标有如下区别：

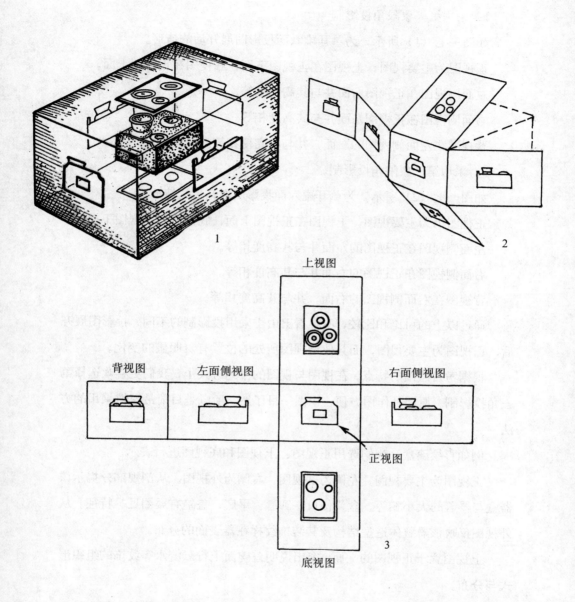

图一六 考古绘图对投影制的选用
1.陶灶的六面投影 2.展开方式 3.铺平后的视图形状及其名称

1．采用第一象限角投影制

如图一七（1）所示，为单耳罐六面投影图展开后的情形。

正视图为主要视图，上视图在正视图下面，底视图在正视图上面。

左面侧视图在正视图右面并与其高度相等。

右面侧视图在正视图左面并与其高度相等。

背视图在左面侧视图的右面，并与其高度相等。

2．采用第三象限角投影制

如图一七（2）所示，为单耳罐六面投影图展开后的情形。

正视图仍为主要视图，上视图在正视图上面，底视图在正视图下面。

左面侧视图在正视图的左面并与其高度相等。

右面侧视图在正视图的右面并与其高度相等。

背视图在右面侧视图的右面，并与其高度相等。

通过以上的讨论和比较，不难看出由于采用投影制的不同，投影图展开后，正视图为主要视图，而其他诸视图所处的位置有着明显的变化。

根据考古绘图的特点，在视图与视图的排列方式上，我们更喜欢选择第三角投影制。原因是作图方便，识图一目了然。所以是目前最习惯采用的方法。

例如彩绘漆盒，我们选用正视图、上视图和底视图进行表示。

正视图为主要视图。左侧为剖视图，右侧为外视图。从剖视部分揭示该器盒与器盖的大小相等。盒为侈口、圆唇、平底，盖碗有矮圈足等特征。从外视图反映该器整体造型结构及其装饰纹样在器表面的分布。

上视图置于正视图的上面，突出说明盖碗面上行云流水等纹饰的组织形式与分布。

底视图置于正视图的下面，说明该器底部有彩绘纹饰，纹饰中间有铭文"君幸食"三字。综上所述，该器选择正视、上视和底视图是正确合理的，充分说明了该器内外形结构特征及其纹饰的分布。在视图排列方式上也是很恰当的，顺应了人们在识图上的一般习惯，所以给人以自然明确的印象。如图

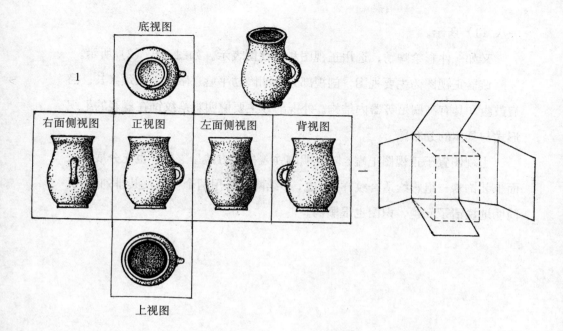

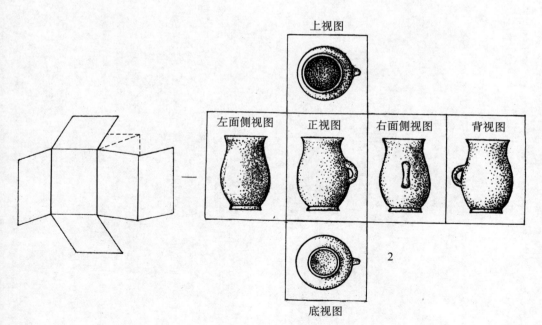

图一七 投影制的比较
1. 采用第一角投影制对单耳罐六面投影图展开位置示意
2. 采用第三角投影制对单耳罐六面投影图展开位置示意

一八（1）所示。

又如一件彩绘陶钫，选用正视图和上视图表示。如图一八（2）所示。

该器正视图为主要视图。剖视部分说明陶钫平唇、敞口、收颈修长、溜肩鼓腹和具有高圈足等器内结构。外视部分主要说明彩绘纹饰在器表的组织形式与具体的分布。

上视图置于正视图上端，除说明陶钫盖呈正方造型之外，也充分展示盖面上装饰着一组彩绘适合纹样。总之，彩绘陶钫选用两个视图及其排列方式，简明地说清了问题，识图也很顺畅。

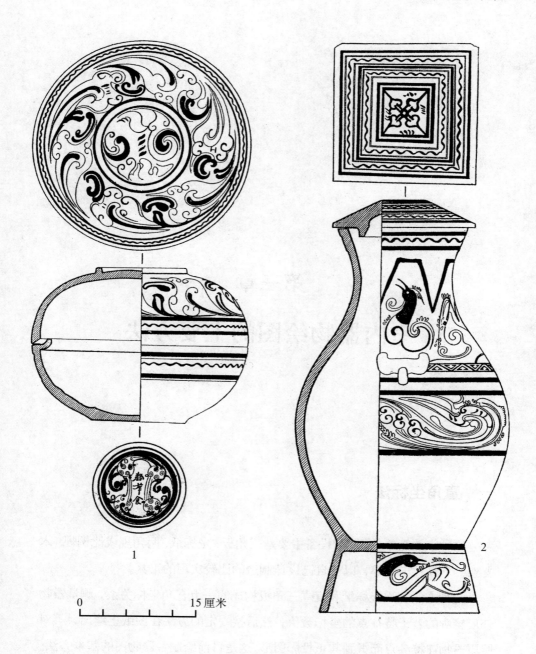

图一八 考古器物视图的习惯排列方式
1.彩绘漆盒 2.彩绘陶钫

第三章

室内器物绘图的主要方法

一、直角坐标法

这种方法简单易行，其设备主要是三角板、坐标纸、两角规或比例规、木支架、卡尺式卡钳等，以及自己设计制造的比较实用的工具。

此种方法利用坐标纸和直立三角板构成的一组直角坐标关系，测量器物外形轮廓的若干特征点的坐标数值，然后按一定的方法在图纸上绘出，再对照原器物连接各点而得到其正投影图形。这是目前绘制古器物图的基本方法。如图一九所示。

具体起稿操作步骤将在第四章陶器部分中详细讲授。

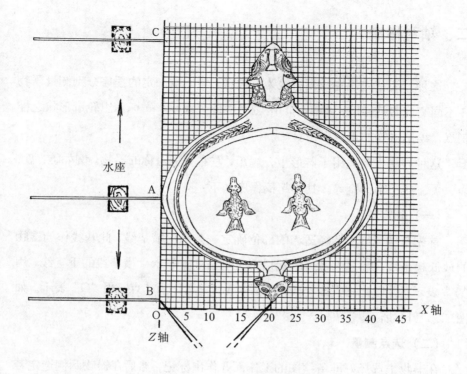

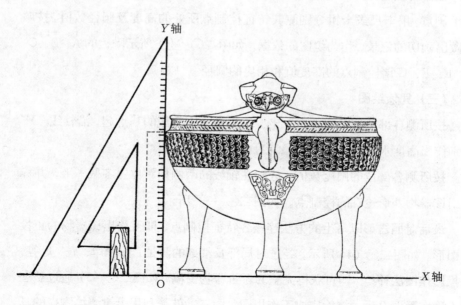

图一九 直角坐标法投影原理示意图

二、轴对称法

这种方法首先确定一根中线为对称轴，然后按一定的程序分别测量器物各不同高度的圆径值，再在轴的两侧对称地各截一半，标示出轮廓形状之控制点，绘出器物的正投影图。

这种方法主要适用于器形十分规矩，左右完全对称的器物。例如碗、盘、壶、盂、盆、罐、瓶等。具体起稿程序如下：

（一）确定轴线

首先在坐标纸上选择适当的部位确定一条水平横基线，此基线作为器物的最低起止线，用"X"表示。然后再定一条垂直于水平横基线的垂直线，用"Y"表示，并以此垂直线作为对称轴。XY交点称为基点，用"O"表示。如图二〇（1）所示。

（二）选点测量

在器物上选择好准备绘图的工作面并作出标记，然后在器物两侧选定若干控制点。用卡尺或卡钳分别测其特征控制点所处的高度及圆径数值，按顺序做出确切的记录，作为绘图的依据。如图二〇（上）所示陶壶的A、B、C、D、E、F、G诸控制点的高度值和相应的圆径值（宽）。

（三）凭值绘图

按所测各部位的高度数值在坐标纸上自水平基线的基点起，沿轴线"Y"分别作出高度水平线。如图二〇（2）所示。

按所测各部位的圆度数值，分别在轴线的两侧相对位置各截一半，并标示出该器物外形轮廓的控制点。如图二〇（3）所示。

最后对照器形以写生的方法连接各特征控制点，即可绘出该器物的正投影图形。如图二〇（4）所示。经过对局部及细部的测量，如壁厚、底、足等，按投影作图法补绘，即可获得完整的考古器物图稿。如图二〇（5）通过整理加工确定无误之后，清绘完成工作用图。图二〇就是利用卡钳测绘陶壶的具体操作步骤示意详图。

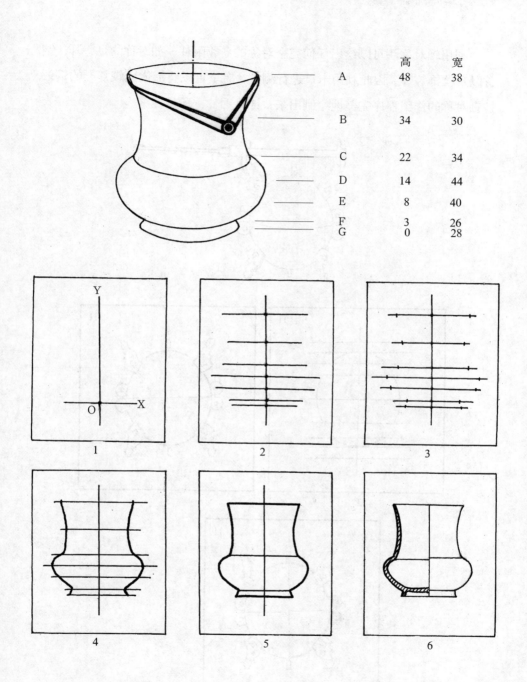

图二〇 轴对称法测绘步骤示意图

利用轴对称法可以绘出任何完全对称的器物附件，如对称的足、耳、铺首以及纹饰等等。因此利用卡尺进行测量，完全可以将形体比较复杂的铜敦按轴对称的作图程序完美地绘制出来，详见图二一所示。

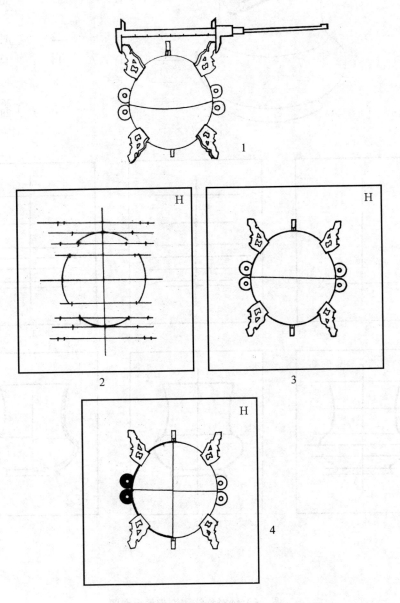

图二一 轴对称法测绘铜敦步骤示意图

三、远距灯光投影法

利用灯光将器物的外形轮廓的影子投到一个投影平面上，即得到该器物的外轮廓图形。这种图形尽管是透视投影，但是在实际应用上，由于将灯光拉远，所以其光源投射之光线近乎平行，投影和实物尽管有一定的误差，但是误差微乎其微，对于考古器物图而言，在修稿过程中完全可以纠正。

利用此法起稿，画得快，外形轮廓准确，均为原大，必要时可根据需要用缩放尺按比例进行缩放。这种方法适用于较大批量的器物起稿工作。

具体起稿程序如下：

（一）设置台板

开始远距离灯光投影法的工作时，首要条件是设置台板。台板可由两块互相垂直的图板组成，其中一个作为放置器物的台面，另一个作为投影平面（用字母V表示）。距V面较远的地方设置光源，该光源的强度以能得到清晰的影子为宜。

在条件不具备的情况下，也可因陋就简地利用桌面为工作台面，利用平整的墙面作为投影平面。

（二）调整光源

调整光源的目的是使投射的光线垂直于V投影面的中心位置。检验光线是否垂直于V面中心的手段很多，这里仅以最简便、最适用的圆钉测试为例。在V面中心标记处垂直插一圆钉，然后调整光源，当圆钉钉帽的影子同钉身的影子完全重合时，光线必定垂直于V面中心。此时就可以将光源固定。详见图二二（1）所示。

（三）摆放器物

为便于工作，摆放器物时，要在台面上加放适宜的木支垫将器物垫高，要选择器物特征的外轮廓线并于两侧作出标记置于V面之中心位置，同时要将器物最大圆径靠近V面以减小投影误差，放置妥当后，不宜再移动。

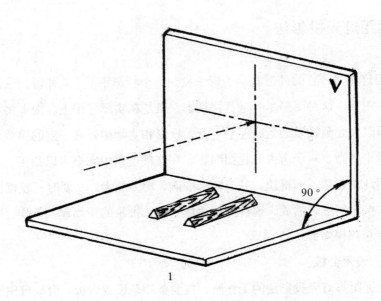

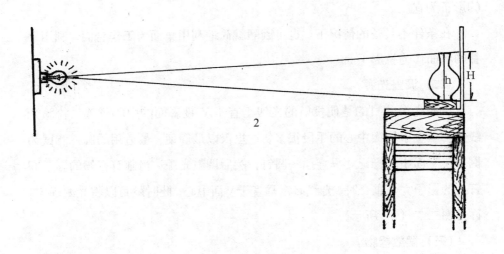

图二二 远距灯光投影法具体设置示意图
1.简便的设备及测光方法示意 2.产生投影的具体设置示意

(四）凭影绘图

依照器物影子用铅笔沿影边勾绘外形轮廓即可。然后观察原器物进行认真较对与修改。

如有内部轮廓线和纹饰、壁厚等需要描绘，可另行测量加以补绘。需要缩放时，可酌情按比例缩放。图二二（2）为远距灯光投影法具体设置示意图。

四、光学投影仪器投影法

利用光学投影仪器投影法绘制器物的外轮廓是很方便的，也比较准确，还可以调节放大或缩小的倍数。例如 CT-1 型缩放投影仪。

但这种设备仅适用于比较小的器物，如石器、骨器、玉器和小型陶器等的外轮廓起稿。

第四章

各类器物的具体绘制方法

一、石器

石器可分为打制石器和磨制石器。

(一) 打制石器

1. 视图：选定石器后，首先应确定需要用几个视图来表示这件器物。最常用的是2至3个视图（正、背、侧）。如果各个面上都有需要表现的特征，可增加到4个以上视图（俯、仰、断面等），还可以画出某一局部的不同侧面，如刃部等。

在图纸上安排各视图的位置时，要考虑构图。放置时一般都按石器的使用情况摆放，尖状器的尖部向上，砍砸器的刃部朝下。

打制石器视图及其排列如图二三所示。

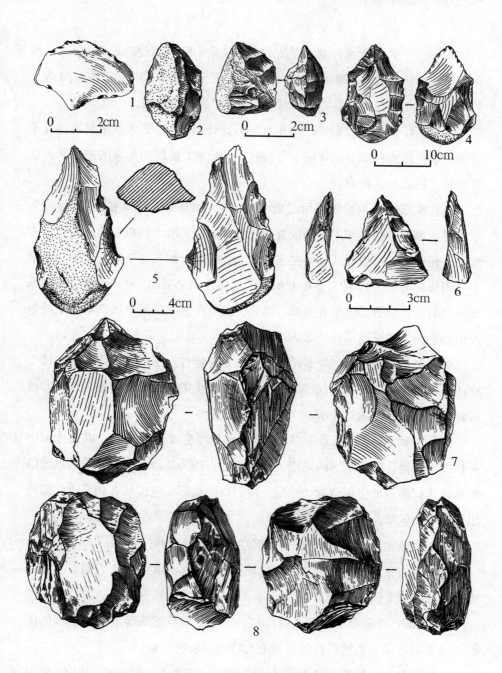

图二三 打制石器视图及其排列示意

1、2. 正视图 3. 正、侧两面视图 4. 正、背两面视图 5. 正、背两面视图和一个横剖面图 6. 正视图居中为主要视图外加左、右侧两视图 7. 从左至右为正、侧、背三面视图 8. 从左至右分别为正视、右侧、背视和左侧四面视图

2．比例：为了能将打制石器的加工与使用的痕迹清楚地表现出来，一般不宜选用小比例尺，以原大为宜。对于过大的打制石器，以1∶3或1∶2缩小为宜，对过小的打制石器，必要时可以放大2至3倍作图。

3．轮廓：采用正投影原理绘制打制石器外形轮廓。其方法是将器物置于平铺的坐标纸或白纸上，从正上方投射平行光束，此时所呈现的图影即为该器物外形轮廓的正投影。

具体测绘时目前习惯采用三角板与铅笔制成的取形器来描绘石器外形。取形器的制作方法是利用三角板直角，将经过加工形成的铅芯的斜角尖朝内置于直角处，然后用胶纸加固在三角板上。起稿时把石器平放于纸上（不平者可用橡皮泥垫平），将三角板取形器一直角边贴紧纸面，另一直角边铅芯外侧贴紧石器，沿石器边垂直移动，铅芯尖就可在纸上勾描出该石器的正投影外形轮廓图。详见图二四所示。

外形轮廓确定之后，外形轮廓线上各重要特征点用两脚规或比例规按坐标法量取石器中部各打制棱线的点，然后按写生的方法画线连接各点，即可得到石器正视图的内外轮廓。

侧面的画法，是将石器侧立（必要时可用橡皮泥加以辅助），其高度可由正视图上获得，定出上下两端点，连接两端点作为基线，左右各棱的点均以此基线为标准量取坐标位置，然后，视石器的实际曲度连接各相应点，即得出侧面视图轮廓。

剖面图的画法，只需画出剖面部位的外轮廓线即可。

另外也有采用灯光投影和投影仪描绘石器外轮廓的，由于它需要一定的设备，故不作专门讲授了。

4．特征：打制石器上有一些特征，这是它同自然破碎的石块之间的区别。画图时应尽可能地将打制石器上的特征点表现出来。

一件石器上一般都有打击面（又称台面）、打击点、半锥体、疤痕、辐射线、波纹及破裂面等。如图二五所示。

从石器上打落的痕迹可以辨认出器的制造过程。石器制造过程一般分

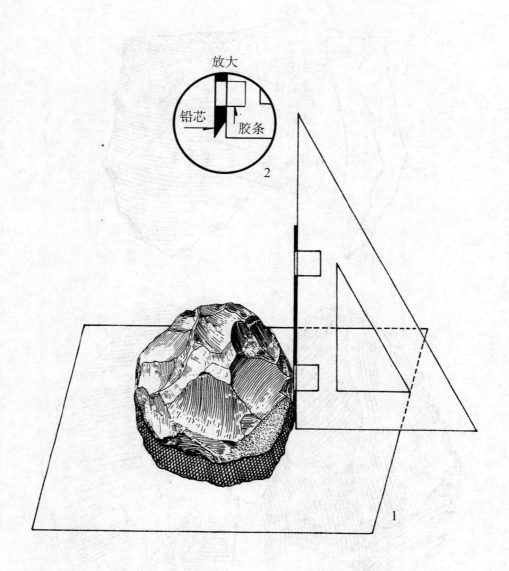

图二四 打制石器外形轮廓测绘方法示意
1. 采用正投影原理具体测绘打制石器外形轮廓示意图
2. 取形器直角边与铅心置备放大示意图

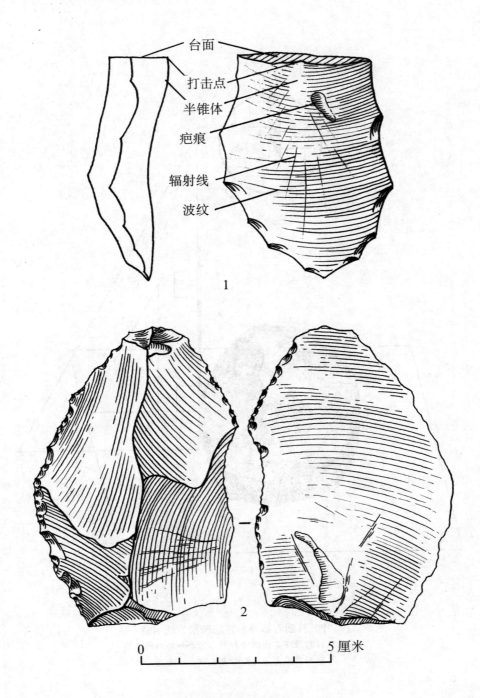

图二五 打制石器的特征示意图
1.打制石器的特征示意图 2.典型打制石器实测清绘图

两步：第一步是打片，第二步是加工。打片有直接打法和间接打法。直接打法是用石锤直接打击石块，这样打击剥落下来的石片疤痕比较深而且短；间接打法是将骨或角棒垫置在石块上，再用石锤打击骨或角棒的另一端，通过骨或角棒把打击的力量传到石块上，以振落石片。旧石器时代晚期和细石器文化常用此法制作石器。这种使用间接打击法打落的石片较薄而且窄长，石片的断面多呈梯形或三角形。

加工是在打下石片以后为了将其制成一定形状的石器而进行的工作。有石锤直接加工，木棒加工和压削法三种。加工部分大都分布在石器边缘和刃部，这些部位有许多剥落石片的疤痕，但剥落的区域比较小。石锤加工和木棒加工的特征略同打片的直接打法和间接打法。采用压削法加工剥落的石片平薄，剥落的区域遍布整个器物的两面，器形很薄而且工整对称。这是出现在旧石器时代晚期的加工方法，细石器文化中的箭头亦用此法制作。

使用过的石器，在锋刃部分一般都保留有使用痕迹，它和打制的痕迹是有区别的。这种痕迹多呈连续的锯齿形，剥落区域大都比加工痕迹更细小。再仔细分析还能看出有砍砸痕迹、剥落痕迹以及单面使用、双面使用之分。

在作图的过程中，应对石器进行细致深入地观察和研究，然后在图上把它们的特征清楚地表现出来；作图不仅仅是忠实地记录，而且要从图上反映出研究者对石器的认识深度。

5. 阴影：考古器物图的阴影是按素描的方法观察物体上明暗变化的调子，用墨线把它们表示出来。同时按照制图学的规定假设光线自左上方45°投射，这样画成的图总的看来左上方受光最多，器物明亮，往往不着阴影，绘图时须画少许细疏而间断的线；中部色调渐暗，阴影线渐实渐密；右下方色较重。如图二六所示，无论选用几个视图，光线的来源都应该一致。阴影线是按打击点观察波纹的方向，来确定弧度的趋势而画平行弧线的。石片剥落深处，弧度线的弯度大；剥落浅处，弧线平直；波纹深处平行弧线密集；波纹浅处弧线疏稀且间断。

在每个石片疤痕区域内的阴影线都有很多变化，有些图上石片疤痕区域

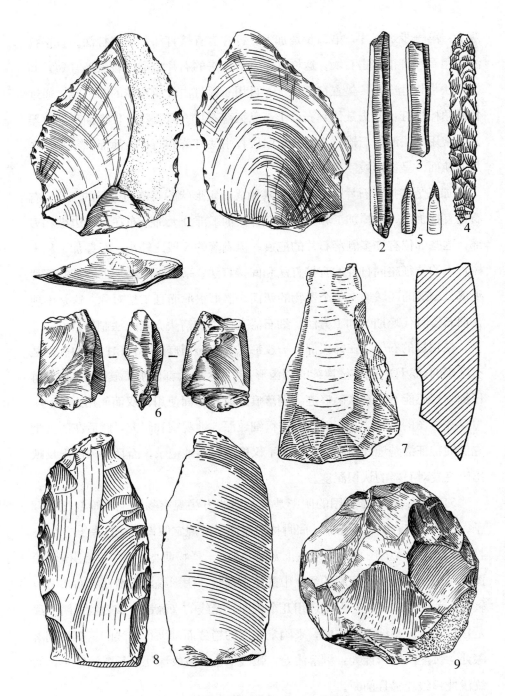

图二六 打制石器视图及描绘方法图例
1.8.刮削器 2—5.细石器 6.石核 7.石斧 9.砍砸器

的轮廓线不用画出,而是由疤痕区域内的阴影线表示出来。如图二六(7)所示。这种画法看起来不够清晰,但由于半锥体的疤痕无清楚的起伏轮廓,所以要用光线的明暗显示。辐射线是与波状线交叉的放射型线。

燧石石器和砾石石器,因石质的粗细不同,阴影线的光滑度也应有所区别。有些石器表面保留部分石皮,它的阴影可用粗细不同的点和划线表现。如图二六(1)、(9)所示。

从轮廓线上也应区别开石器的明暗,向光的部分轮廓线细,背光的部分轮廓线粗重。随着石器边缘破落痕迹的变化,轮廓线的粗细亦应有许多细微的变化,这样可以增加图的立体效果。

有的图为了说明打制石器的着力方向,便在各重要的打击点上画出箭头进行标示。

图二六选择了部分打制石器线图,谨供学习参考。

(二) 磨制石器

磨制石器有刀、镰、斧、凿、锛、犁、磨盘、磨棒、纺轮、箭头等等。

1. 视图:磨制石器的器形比较规整,如常见的斧、凿等,一般都用一至两个视图表示,即一个正视图和一个侧视图,有孔的石器如石刀,则用一个正视图和一个剖视图,这样可以显示出钻孔的方法(单面钻孔或双面钻孔)和刃部的形状(以区别图的种类)。

视图的排列,正视图放在中部偏左,侧视图或剖视图在右侧,横剖面一般放在正视图上面,也可以放在正视图内作旋转剖面。

器形的摆放仍是视使用情况而定,例如斧与锛等的刃剖面向下,箭头等的尖部向上。磨制石器的视图及其排列可以参考图二七所示。

2. 比例:磨制石器宜以器形的大小、简繁程度、规则与否选用不同的比例尺。大约5厘米以下画原大,10厘米左右画二分之一,20厘米左右的可画三分之一,过大的如磨盘或磨棒可画四分之一或五分之一。

但值得注意的是,如果将几件器物组织在同一幅图内,就须考虑各器物的相对大小,不要将小件器物画成与大件器物等大,所以最好选用统一的或相近的比例尺，否则在读图时容易产生误解。无论选用何种比例尺，都应在图内适当位置明确标出。

3. 轮廓：磨制石器与打制石器的画法略同，但是磨制石器有些形体较大，一般均需要缩小，所以常用的方法是把石器放平在坐标纸上，用比例规量取其长、宽、厚及其各重要转折点，移置在图纸上，连接成轮廓线。有些非常扁平而规整的器物，如石铲，完全可以用铅笔取形器沿器形边缘直接走线绘出正视图，其内部线经测量后进行补绘。

4. 特征：画磨制石器时，须注意对磨制石器的加工特征和使用痕迹的描绘，同时也要对细部的特征进行认真观察研究，对其内涵有了认识之后，给予正确合理的表达。例如有孔的石器，孔的形状与大小，是一面钻还是两面钻；有刃的石器是单面刃还是双面刃；有段的石器则要注意段的高矮，曲直及宽厚的变化等等，均要细心描绘，绝不能马虎。如图二七（5）－（10）所示。

5. 阴影：磨制石器表面光滑，阴影的变化缓慢，比打制石器容易表现。由于石质的不同，最精致的玉石器和常见的器形，往往只勾出单线轮廓，不加阴影即可；石质较细、磨制又较精的石器，须加阴影时，可用细而匀的小点，表现光线明暗的变化。如图二七（1）－（3）所示。也有用平行线按磨制线纹的方向画阴影线的，如图二七（6）、（9）、（10）所示；粗砺的石器则用不规则的粗点夹线（短线、粗线、曲线等）来表现或用交错的短线与弧线来表现器物的阴影部分。如图二七（8）所示。

在绘制磨制石器时，须注意突出描绘磨制特征和使用痕迹。如图二七（11）所示，为一件砺石。扁平长方形，两面都有平行沟槽，大概是专门用于磨制骨锥、骨针等物的。因此要细心观察、认真描绘，突出重点。

6. 剖面：磨制石器一般常选用附加剖面表示其制作特征和使用痕迹。有时也采用旋转剖面表示内剖结构等。剖口线应为全器的最粗线，线粗约为器形轮廓线的两倍，剖口内填充均匀的向左倾斜45°的细平行线。

第四章 ◎ 各类器物的具体绘制方法

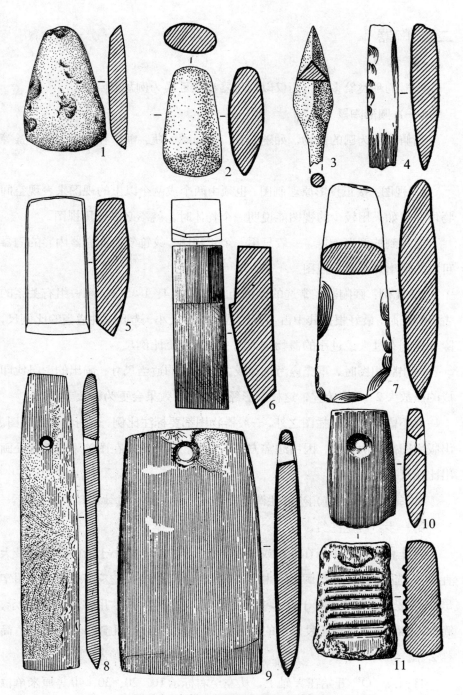

图二七 磨制石器视图及描绘方法图例
1.5.6.石锛 3.石镞 4.石凿 2.7.8.9.石斧 10.石铲 11.砺石

二、陶器

陶器的种类繁多，下面仅以圆形器和三足器为例加以阐述。

（一）圆形陶器

指俯视图为圆的器物，如碗、盘、盆、罐、瓶、甑、杯、盂、钵、釜等等。

1．视图：按正投影原理制图，也须由两个或两个以上的视图来表现空间物体，但如果用较少的视图能说明一个物体时，就不必多选用视图。

常见到的圆形陶器，一般只用一个正视图，纹饰复杂而有器内彩的陶器可以酌情增加必要的视图。

2．比例：画陶器经常选的比例为 1∶3、1∶4、1∶5 等。画一组有关系的古器物图时，最好根据其中占多数的器物器形大小，选取一种适当的比例尺，除非遇到有过大或过小的器物，否则一般不变更比例尺。

画出版用图时，事先应考虑印成之后的图的适当尺寸，画出的图以比印成的图放大 2～3 倍为宜，这样图形经过缩版，效果会更为精致美观。

除不需要比例的插图之外，一般器物图都要标注比例，否则将成为废图。出版用图需再次缩小，因用注字方法不方便，所以最好在图的下方适宜处画出比例尺。

3．轮廓：采用直角坐标法测量器物内外轮廓线，具体起稿程序如下：

第一步：确定基线

首先将坐标纸平铺在图板或桌面上（该坐标纸不能小于所画器物的最大直径），选择适当位置，画垂直相交的两条直线，两直线之交点为原点，用字母"O"表示。其中平行于投影平面的直线，称为横坐标，用字母"X"表示，简称 X 轴；另一平行于投影线的直线，称为标准基线，用字母"Z"表示，简称 Z 轴。

自原点"O"开始在 X 轴上，从左至右标示 10、20、30、40 等厘米单位数字。然后在原点"O"或"Z"轴标准基线上任选一点直立三角板，其直角边称为纵坐标,用字母"Y"表示,简称 Y 轴。此时纵横二坐标轴间所构成的平面,简称 XY 坐标面。该平面与投影平面彼此平行,如图二八所示。

只要标准基线不变,三角板直角边(即 Y 轴)可沿 Z 轴前后移动,每移动一次就构成一组新的坐标关系和新的坐标平面,它们之间的关系彼此平行且吻合,投影结果是完全一致的。

第二步:摆放器物

提取被测量的器物后不要盲目摆放,要进行认真的观察与思考,在理解的基础上选择最佳造型面置于 XY 坐标面之间,摆正,并使该器物的最大外形轮廓线(即最大直径)与直角边(即 Y 轴)相切,直至测绘完毕,器物的位置不能再移动,如图二九所示。

第三步:选点测量

下面以一件仿铜陶壶为例:该陶壶外形轮廓的基本特点是侈口、瘦颈、鼓腹、矮圈足、器身中部有铺首一对,四道凸弦纹,置于兽耳衔环上下各二条。根据该器外观造形之特点,我们认为在选点测量时每侧至少确定以下七个控制点:从上至下分别为壶口沿、壶颈、四道弦纹、圈足高、底径等。对特征点作出标记,然后用两脚规或比例规逐点进行测量(可从上至下,也可从下至上)。在实际测量各特征点与直角边(即 Y 轴)的距离时,两脚规或比例规的两角尖端必须保持水平,如图三〇直观效果图中陶壶上口沿的A点等。从而获得它们的横坐标数值(即 X 坐标值),与此同时凭借直立三角板上的刻度可读出同一点的纵坐标数值(即 Y 坐标数值)。其余各点测法雷同。若测量其高度可用另一直尺平置于器口上沿,使之与直立三角板(Y 轴)边相切,此处刻度值就是该器实际的高度值(有的三角板刻度值并非以底边为"O",实测后要加上"O"刻度处至底边的长度)。

器物的口径、底径可用卡尺、卡钳等工具测量。

一般的陶器,尤其是手制的陶器形状很不规则,因此往往要测量两侧特征点的纵、横坐标数值。如图三〇(左)所示,左边测量完成后,可将直立三角板转移到右边,使直角边与该器右侧最大圆径处相切。此时只需如图中

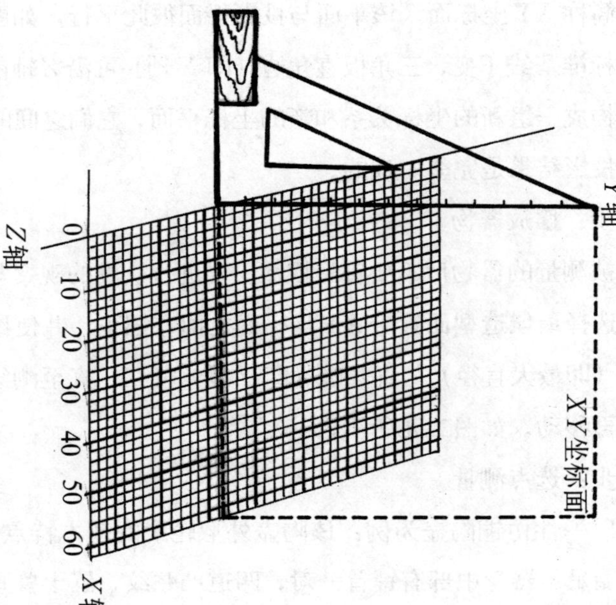

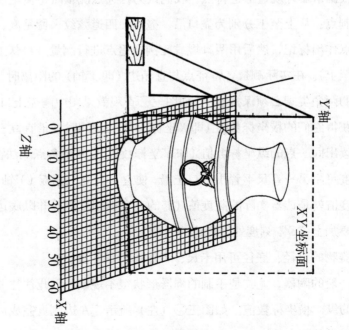

图二八 XY 坐标面的设置直观示意图

图二九 摆放器物示意图

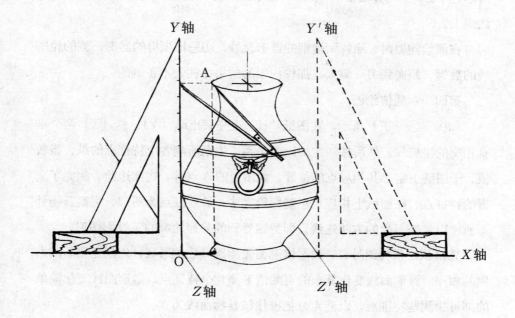

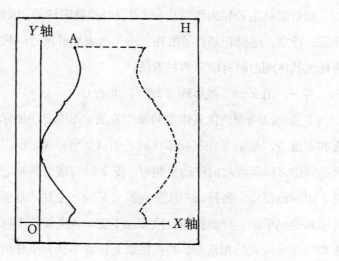

图三〇 直角坐标法凭点测绘器物外形轮廓示意图

所示，再设一条与Z轴相平行的Z'轴基线和另一条Y'轴线即可，其测量方法同上。

在测绘陶器时，除特别规则的器形之外，切忌把测得的器形一侧的轮廓线的数据，照搬到另一侧去，那样作图的结果往往是不正确的。

第四步：凭值绘图

如图三〇（下）所示，在图纸"H"上先画出纵（Y）、横（X）两个垂直相交的坐标轴，然后按一定的比例关系，依据所测各个特征点的纵、横数值，于图纸上定出其相应点的位置，如图中的A点等，边测边绘。测完了全器的特征点，在图纸上相应点也就标绘完毕。最后以点为基础，观察器物外形曲度以素描写生的方法连线，即得该器物的外形轮廓的正投影图形。

凭值测绘器物图时，一般习惯遵循先测器口后测器底，先测左侧后测右侧的顺序。器形曲线变化复杂的可酌情多测几个特征点，器形曲线变化简单的则可少测些特征点，以能充分把握住该器物曲线为宜。

第五步：补绘器表细部

画好器物最外轮廓线以后，就可以补绘器表细部。例如各种装饰性花纹、浮雕、镂空、纽突和铺首等附件。由于器表细部所处的位置不同，采用直角坐标法具体测绘时有以下两种方法。

其一，沿Z轴基线移动Y轴（三角板）。

下面仍以陶壶为例具体说明操作方法。如图三一所示，由于铺首位于陶壶的正前方，与原Y轴坐标不在同一组XY坐标面，所以难以进行测绘。此时必须沿Z轴基线向前移动三角板，使Y轴与铺首所测之点处于相平行的部位，边画边移动。每移动一次三角板（Y轴）位置，就形成了一组新的坐标关系和坐标平面。只要标准基线Z轴不变，各组新的坐标及其坐标面在投影上均与原来设置的相重合，其在图纸上位置不会发生任何变化，因此测得的结果与开始测绘的外形轮廓是相对准确的。

其二，变动"Z"轴基线。

为了便于测绘比较复杂的器形，可以采取变动基线的方法。这种方法操

第四章 ◎ 各类器物的具体绘制方法

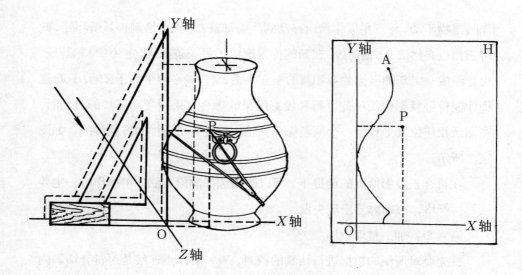

图三一 沿 Z 轴基线移动 Y 轴测绘器表细部示意图

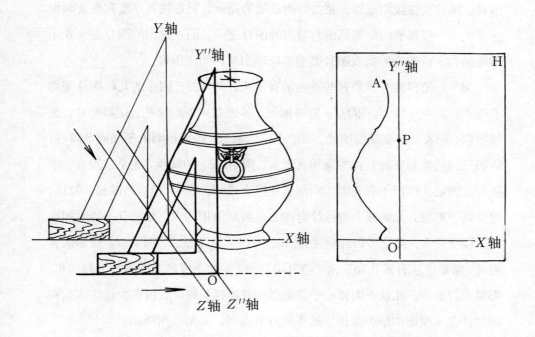

图三二 变动 Z 轴基线测绘器表细部示意图

作时器物不动，将三角板作横向移动到陶壶铺首左侧处，绘制兽耳衔环处，此时三角板必然离开z轴基线，在新的位置形成了另一条基线，定为Z''轴基线，由此组成一组新的坐标关系和新的坐标平面，Z''轴必须平行于Z轴，只有这样才能保证投影线的彼此平行和投影结果的吻合。采用变动基线的方法时，在图纸相应位置上补绘一个纵坐标Y''轴，然后复用同样的方法测绘，如图三二所示。

在符合正投影原理的前提下，可以酌情选择测绘方法，但操作时一定要认真、严格，否则容易出现失误。

第六步：加工整理成图

首先要对所测的数据进行认真的校对，看一看以点连线是否符合该器内外形体的曲直变化。经过加工修正，达到了正确而合理的要求后，即可作为底图，最后画成线图。如图三三所示。

该器的线图将陶壶的特征表示得很充分，如侈口、平唇、瘦颈、鼓腹、矮圈足、铺首及弦纹四道等。弦纹的画法最为简单，只是按其高度和宽度画出水平线。一般器表的细部只画右前方的四分之一，而左前方的四分之一表示剖面结构。应注意的是成图时要明确标示出所用的比例尺。

另外，值得注意的是有些器物带有镂孔，例如图三四中的几件陶豆等均有镂孔。图中（1）为黑陶豆，特高圈足，体表布满菱形镂孔，该器敞口，盘壁折收，外表有折菱钟形圈足。图中（2）为敞口，浅平盘喇叭形高圈足陶豆，体表三层排列整齐较对称的圆镂孔组合。图中（3）为陶豆，也是浅豆盘，喇叭形高圈足，体面上有几组三角形镂孔组合排列。图中（4）为器座，敛口，腹壁向下扩张，无底腹上有线纹穿四孔椭圆形斜相对称，底沿有一周附加堆纹，镂空较大，可见后面部分镂孔。图中（5）为筒形豆。浅平盘，筒形镂孔圈足，圈足中部有圆孔和三角形镂孔组合分布。综上所述五件器物上的镂孔，都要进行表示。凡从正面镂孔中可见器物背面镂孔的，看到多少就应该如实测量并在正视图中画出多少，绝不能有所遗漏，如图三四所示。

4．剖面：剖面的画法只是一种假设的投影，并非真地将器物某一部分剖

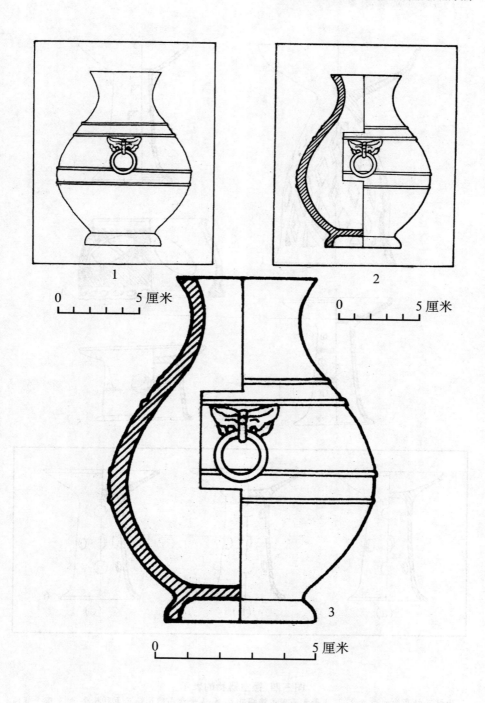

图三三 陶壶正面视图
1.实测陶壶的正面视图 2.陶壶的半剖面视图 3.陶壶原大正视图

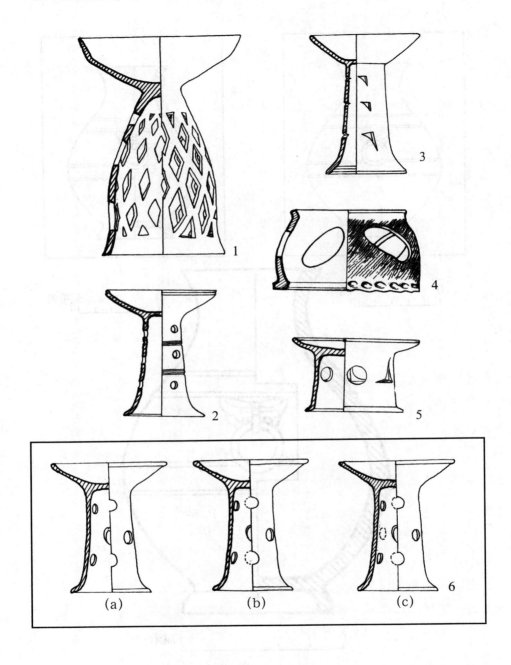

图三四 镂空器物的表示

1.大镂孔特高钟形圈足豆 2.浅平盘高圈足镂圆孔豆 3.浅平盘高圈足镂三角形孔豆 4.穿四个椭圆形孔器座 5.浅平盘筒形豆镂圆孔与三角形孔 6.陶豆镂孔在剖面图中的补绘示意：a.一般的表示方法；b.用虚线补绘镂孔中剖线对称缺失部分；c.将镂孔被剖掉的部分用虚线全部补绘完整

切掉。圆形器物的剖面习惯上常用剖去器物左前方的四分之一的方法表示。这样处理可以使一个视图左半部用来表现器物的内部结构，右半部用来表示器物的外形，如图三五所示。

有时为了绘全一组正面装饰性花纹图案，剖切部分亦可小于四分之一，或者采用转折剖切线，特殊情况也可以采用附加剖面。

测绘剖面时，可用医学上的骨盆计或内外卡钳，以及自制的实用测量器具。量取剖口器壁各部位的厚度，如口、径、腹、底部等，并按相同的比例补绘在正视图中左半部轮廓线内。要仔细观察左半部内的一切可见轮廓线，如器盖、器口、器底等的后半部轮廓以及器内的划线、彩绘等现象，这些都要在半剖面图中如实表示出来。

轮廓线和剖口的处理方法是：表面光滑的陶器，轮廓线要圆滑；表面有印纹、划纹、刻纹、堆纹等的器物，在外轮廓线和剖面上都要画出其相应的曲折变化，如图三六所示。

线的粗细比例，当设最外轮廓线为1时，则内部线一般为1/2或1/3；剖口线则为2。陶器、瓷器、石器、木器等剖口内填充向左倾斜的45度细实线；遇有蛋壳陶器，因器壁甚薄，其剖口内也可全部涂黑。详见图三六所示。

其中（1）陶匜，器型折沿，深腹，平底，口一侧捏成流，体内有竖向细划纹。（2）陶釜，尖唇，鼓腹，圜底，体面布满交错绳纹，形成凹凸不平的特征。（3）陶盂，敛口，鼓腹，平底，素面，左侧剖口处有一突耳。（4）陶罐，敞口，圆唇，圆底，肩部有四道凹弦纹。（5）陶豆，大口浅平盘，斜卷沿唇，大喇叭形高圈足，有圆形镂孔，体表光滑。（6）陶盆，广口平唇，腹部稍深作弧形，平底，口内满布竖形划纹，外饰对称盲耳和两道附加堆纹，体表凹凸不平。（7）双耳陶罐，小口微侈，短颈，溜肩，鼓腹下收，平底微鼓，素面。（8）陶罐，大口微敛，唇薄外伸，短颈，鼓腹平底，上肩有凹弦纹一道，通体满布细轮旋纹痕。综上所述，诸器物制作特征，都要认真进行测量而后正确给予描绘表达。

5．纹饰及其描绘：陶器的纹饰归纳起来有制作痕迹、压印纹饰、刻划剔

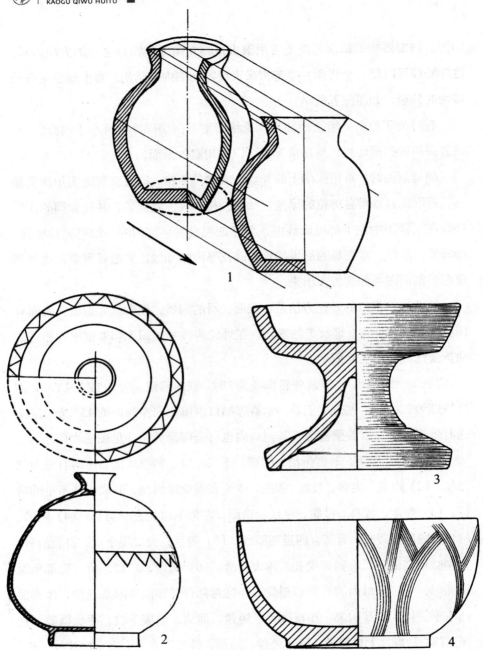

图三五 圆形陶器剖面
1.图形陶器四分之一剖面投影关系示意图 2.陶罐正视图与上视半剖面投影关系示意
3.陶豆正面视图 4.陶碗正面视图

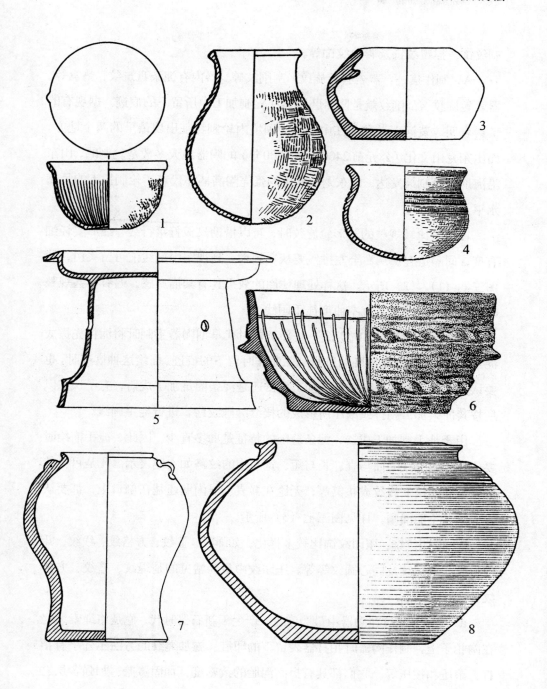

图三六 圆形陶器轮廓线及剖口线处理方法示例
1.陶匜 2.陶尊 3.陶盂 4.陶罐 5.陶豆 6.对称盲耳盆 7.双耳陶罐 8.轮旋纹陶罐

刺纹饰、捏塑纹饰及彩绘纹饰等。

A．制作痕迹：器表有轮旋纹、刮削纹等。器内有泥条盘筑纹、垫窝等。器表轮旋纹、刮削纹就是陶器胚胎体在轮制加工中所留下的痕迹。据现有的资料表明，黄河下游和长江中游是中国境内轮制特征出现最早的两个地方。而山东龙山文化（公元前2400至前1800年）的陶器绝大多数是轮制的，山东沿海地区轮制最发达。山东龙山文化的蛋壳陶高柄杯代表了轮制技术的最高水平。

在描绘比较规整的器形轮旋纹时，可以借助尺板打平行线，线形要轻细有度，间隔适宜。从右至左排线要从实到虚，到视图中剖线前可留飞白，如图三七（1）、（2）所示。这样处理使图的效果具有素描质感。遇有不甚规整的轮旋纹时，可按其宽窄曲度徒手画线。

器内泥条盘筑纹和垫窝等，是新石器时代早期陶器手制时将泥料先搓成泥条，再用泥条盘筑成胚胎进行加工制作时留下的痕迹。描绘这种痕迹时，也要认真分析思考，是泥条盘筑加工成器还是泥条圈筑加工成器，有了认识以后按其泥条加工拍打或滚压所形成的接缝缝隙纹路，进行徒手画线。

由于是手制加工成器，泥条缝隙的特征是曲多直少。因此，徒手描绘时要依泥条接缝线的曲与直、长与短、宽与窄的纹路如实地表示。凡是可见的泥条之间的接痕线纹或垫窝等，无论在器表、器内壁还是在剖口上，都要认真表示，不能漏画。详见图三七（3）所示。

B．压印纹饰：压印纹饰比较多样化，如绳纹、篮纹、方格纹、线纹、几何形纹、编织纹及同心圆纹等等。压印纹中最为常见的是绳纹、篮纹、方格纹等。

a．绳纹。绳纹在陶器中最为常见，产生于新石器时代，它是将绳索缠绕在陶拍子上，制作陶器时拍打器表留下的印痕。施加绳纹的方法不外乎有拍打、滚压和按压等。它们都具有提高泥胎的致密度、加固器壁、加强各层之间的结合的作用，而且兼有装饰美化的效果。由于制作工艺具有鲜明的时代特征和浓厚的地域特性，所以对绳纹的描绘也要认真观察分析，在明确了制

第四章 ◎ 各类器物的具体绘制方法

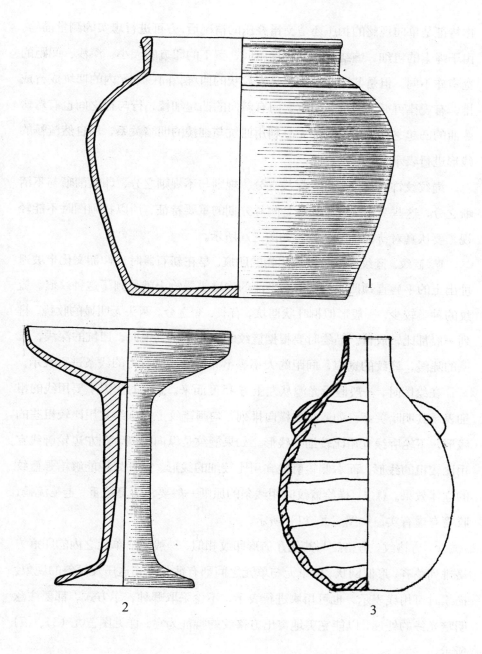

图三七 陶器制作痕迹的描绘图例
1.轮旋纹陶罐 2.轮旋纹高柄陶豆 3.泥条盘筑双耳陶壶

作特征是单向规整的拍压还是交错叠压的情况后，方可进行忠实的测量描绘。由于绳索的粗细、缠绕的松紧程度不同，留下的印痕的大小、深浅、间距的宽窄亦不同。但是其印痕一般多呈麦粒状的凹坑，同一单元内的凹坑成行成排，有规律可循。凹坑与凹坑之间有斜向的凸起细棱，行与行之间也有弯弯曲曲的凸起之棱。描绘时要充分利用凹坑与细棱的明暗关系，用自然流畅的线形进行表示。

绳纹纹饰有粗细之分、深浅之分、规则与不规则之分、印痕清晰与不清晰之分，这些变化及现象往往是陶片分期的重要特征，所以在画图时不能轻视，要认真对待，加以区分。如图三八所示。

b. 篮纹。篮纹形似竹篮编织物的印痕。早在新石器时代仰韶文化半坡遗址出土的平唇直颈凹腰尖底器、带流的陶罐等器物上就见到了这种纹痕。篮纹的种类较少，一般形似柳叶状凹坑，有长、短之分，两头无明显的收拢，排列一般都比较成行。描绘时要根据篮纹的纵、横排列走向，凹坑的深浅，坑壁的陡缓，篮纹的宽窄，间距的大小等不同特征，用有力的线条进行表示。

在绘图时，一般假设光源从左上方45度而来。篮纹的阴影主要用线的粗细表示其明暗关系。如篮纹是横向排列，勾画篮纹上轮廓线宜用比较粗些的线形，下轮廓线宜用比较细的线形。如果篮纹是纵向排列，则左边轮廓线宜用比较粗的线形，而右侧轮廓线宜用比较细的线形。这样处理能够增强篮纹的立体效果。总之，描绘篮纹时用线条的原则一般要求下笔稳重，走笔流畅，收笔有虚有实。如图三九（1）所示。

c. 方格纹。方格纹与其他几何形印纹相似，一般同一单元之内的印痕方格排列整齐，形似网状，但单元与单元之间则有彼此互相迭压及倾斜的现象。描绘时可用线表示，也可用块进行表示，不论采取哪种表示方式，都要注意明暗光线的处理，以能完美地突出方格纹的特征为宜。详见图三九（3）、（7）所示。

d. 线纹。线纹纹痕细如丝，也是将线绳缠绕在拍子上拍压上去的。描绘时要按纹饰的纹理走向，以纤细而有力的线条如实表示。详见四〇（1）、（2）

第四章 ◎ 各类器物的具体绘制方法

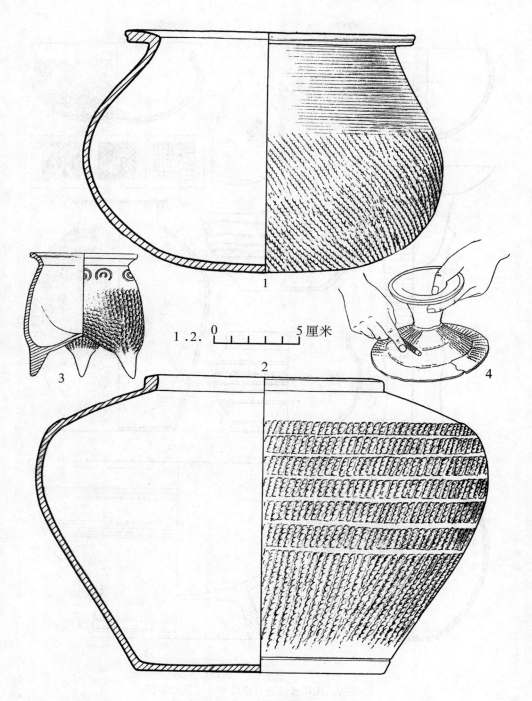

图三八 压印绳纹描绘图例
1.陶釜 2.陶罐 3.陶鬲 4.压印绳纹示意

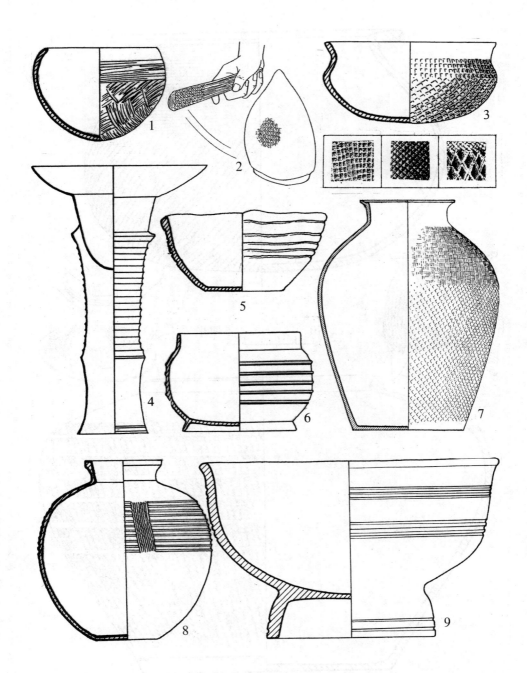

图三九 压印篮纹、方格纹和弦纹描绘图例
1.交错篮纹钵 2.往器足上拍压斜方格纹示意 3.方格纹陶盆 4.弦纹蛋壳黑陶豆 5.手制凹弦纹盆 6.凸弦纹直口罐 7.方格纹与席纹大口罐 8.凸弦纹小口鼓腹罐 9.凹弦纹广口高圈足陶簋

所示。

e．席纹。席纹是编织纹饰中的一种印痕，陶器表面呈现席子编织状的印痕，是陶坯未干时，放在席子上印上去的，因此多见于器物底部。典型的席纹有半坡遗址出土的陶器上的扁平人字形席纹和圆条或扁条垂直交错的席纹等。如图三九（7）上半部所示。

描绘这种编织席纹的纹饰时，重点在于结构特点，要按编织的交错纹理用细线表示。

C．刻划剔刺纹饰：有弦纹、划纹及剔刺纹等。

a．弦纹。弦纹是刻划出来的单一或若干道平行的线条。这种弦纹是最为普遍的一种纹饰，多装饰于器表的颈、肩、腹、腔及底座等部位。弦纹有"凹"与"凸"两种形式，不论是哪种形式都一律依据弦纹自身的宽窄决定两线的间距，除极细密的用单线条描绘外，一般都用线条双勾。

弦纹纹饰因所用工具刃部形状之不同，凹凸的形式各异。有呈方形、尖状形和圆弧状形等。纹体有规整的，也有弯曲不平、粗细不一的。勾勒线条时，要依弦纹具体形象特点，采用软线、硬线、实线和虚线等处理。

一般而言，比较规则的弦纹可以借用直尺打线描绘，不规则的弦纹宜徒手描绘。为了加强素描效果，突出"凹"与"凸"弦纹的特点，用线描绘时可采取如下技法：横列凹弦纹，上线宜粗，下线宜细；纵列凹弦纹，左侧线宜粗，右侧线宜细。而凸弦纹恰恰相反，横列凸弦纹上线宜细，下线宜粗；纵列凸弦纹左侧线宜细，右侧线宜粗。之所以这样处理，是因为假设光从左上方而来，从而较好地反映弦纹的特征并增强它的质感。详见图三九（4）、（5）（6）、（8）、（9）所示。

b．划纹。划纹是陶器加工时在器表用工具刻划上去的纹痕。由于制作时着力有大有小，沟槽有深有浅，因而造成两侧棱线起伏的不同，有的显得平滑，有的显得粗犷，因此用线进行描绘时应有轻与重、缓与急、钝与挫、虚与实的区别，遇有交错性划纹，原则上要笔笔一气贯通，其间不应停笔，待把交错纹线完成以后，可用刀片刮去多余之墨痕，留出空白以显示其纹饰特点和明暗效果。划纹之描绘用线一般要有一定的硬度。如图四〇（3）所示。

c. 剔刺纹。剔刺纹是仰韶文化半坡类型陶器上所特具的一种纹饰，常装饰于陶器的肩部和腹部等。由于加工手段的不同；其样式亦不同。例如有麦粒形、三角形、枣核形、圆洞形、指甲形、锥形、方形、方条形等。

从整体而言，剔刺纹饰都是不同形状的凹坑。绝大多数器物上采用一种形式，很少混合运用，也极少单个使用。这种剔刺纹饰往往排列整齐，有些组织成图案花纹，有些则参差不齐。

在描绘这种剔刺纹饰时，要以刻划好其基本造形为主，单个纹饰既要统一而又不雷同。要根据凹坑的具体特征和受光角度的不同，分别选用线条的粗细、轻重和虚实等富于变化的线型。凹坑的背光处可以适当涂墨以增强立体效果。如图四〇（4）—（9）所示。

D. 捏塑纹饰：有附加堆纹、小圆饼及纽突等。捏塑纹饰属于装饰性而有立体感的纹饰。多凸饰于器物的口部、颈部、肩部和腹部等，也有凸饰于器物局部部位的，如耳、足等部位。

这种近似于浮雕的捏塑纹饰的测绘方法与陶器细部轮廓线的测绘方法相同。这种凸饰性纹饰既要表现整体的立体效果，又要表现每个单元形体的特征。例如比较多见的附加堆纹，多是在做器物陶坯时附加上去的。可分为两种形状，单独的条形凸饰和带状的凸饰，多作二方连续的衔接。描绘附加堆纹，首先要掌握构成此凸饰的长度、宽度和高度，在这个基础上逐步进行局部单元形体的描绘。

单独条形凸饰，有横的、竖的、斜的和弧形等排列形式。凸饰的宽窄、高低、大小各异，堆纹上往往还附有其他装饰性纹饰，如绳纹、指甲纹等。

带状凸饰：是用泥条环绕四壁一周作成的带饰。这种带状凸饰堆纹，一般横向排列比较多见，特点是有的比较平而扁，有的比较突兀。

总而言之，附加堆纹是一种凸起的装饰性纹样，由于加工的方法及使用工具的不同而产生，特点也不同，可能呈纽丝状、锯齿状、波浪状等。手工捏塑的一般凹凸转折棱线比较圆缓，泥条形状因挤压而有较大的变形；而用

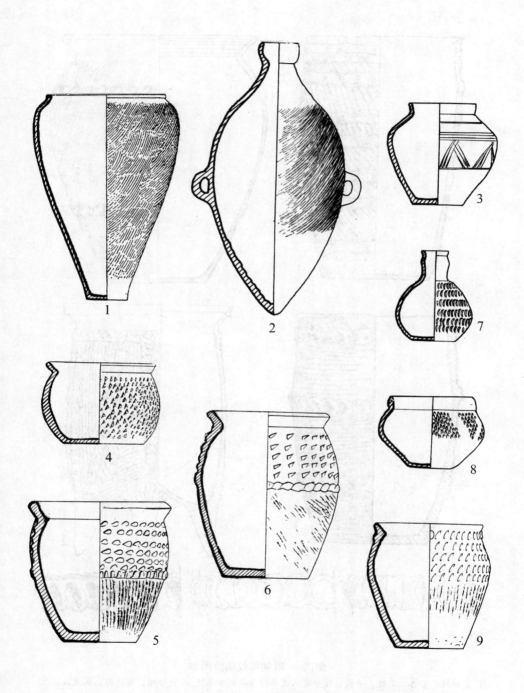

图四〇 线纹、划纹和剔刺纹描绘图例
1.线纹瓮 2.线纹小口尖底瓶 3.划纹罐 4—6.剔刺纹侈口罐 7.剔刺纹细颈壶 8—9.剔刺纹罐

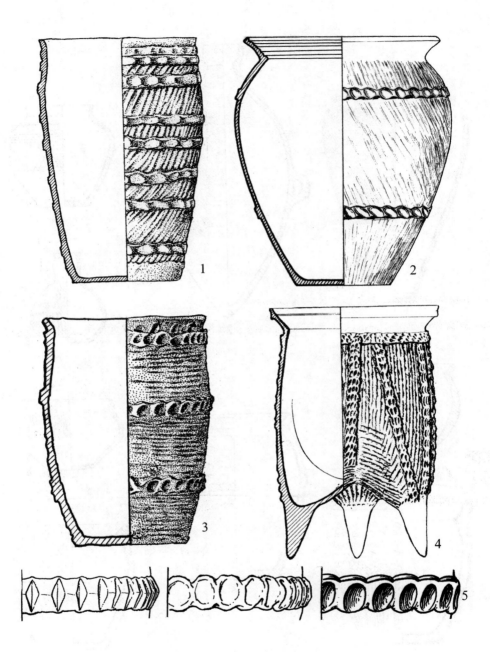

图四一 附加堆纹描绘图例

1. 大口罐，直唇，深腹，平底，腹壁有八道平行带状附加堆纹 2. 大口罐，唇外折，深鼓腹，平底，腹壁上下有二道附加堆纹 3. 大口罐，唇外侈，深腹，平底，周身有三道附加堆纹 4. 陶鬲体表有纵横附加堆纹 5. 附加罐纹投影变形示意

工具按压或刻划的凹凸转折棱线较硬,泥条轮廓变形较小。因此在描绘时,用线要讲究虚与实,粗与细,以正确而合理地表现物象的体面关系和纹样的基本造型特点为主要目的。

与此同时也要注意纹饰的投影变形,随着堆纹单元间距的改变其形体也就跟着改变。在描绘纹饰及其阴影时,在器物最能反映纹饰特征的部分即中部偏右,要使光线适宜,此部分纹饰特点较少变形;正中部分要使光线较强,此部分纹饰不明显;最右部分则纹饰有聚积性变形,阴影的表示方法可用点、线或点线结合。如图四一所示。

E. 彩绘纹饰:包括彩陶和彩绘陶。彩陶一般比较简单纯朴,用色较单纯;而彩绘陶器在纹样内容和用色上比起彩陶来往往更加丰富多彩。彩绘纹饰的测绘,应该在正视图完成之后按正投影作图法进行补绘。首先要依据彩绘纹饰的基本特点,确定若干条横向控制纹饰宽度的坐标线,如图四二所示中A、B、C三条,再确定纹饰造型特征的控制点1—6。凭特征点测其相应的纵横坐标数值,按一定的比例关系在图纸上确定其1—6相应控制点,然后以各控制点为基础,写生完成纹饰的轮廓。

在视图具体处理上,常因器形和花纹在器形上所居的部位以及组织结构之不同而各异。器表施彩的球形陶罐陶瓶等,往往用正视图表示,正视图的左半部不作剖面图,也和右边一样画花纹,而在器外左侧近旁补绘一附加剖面图。如图四三(1)所示。如果因为左右侧花纹有聚积变形或口沿施彩的,则可再加一个俯视图(即上视图),这样处理的目的,在于清楚地保持纹样的完整性。器表、器里皆施彩的,可以用正视图左侧剖四分之一,左半部剖面内画器内彩,而右半部画器表彩。必要时也可加俯视图,如图四三(2)、(5)所示。

摹绘彩陶时不宜盲目进行,要认真观察,分析纹饰的内容与组织结构,体会用笔和用色的方式方法。彩绘纹饰与其他装饰性纹饰一样,不同时代有不同时代的风格与特点。要想把纹饰摹绘得形神兼备,就必须讲究运笔的方法,或轻或重,或缓或疾,或软或硬。使用的是尖笔还是秃笔,粗细线条是一笔

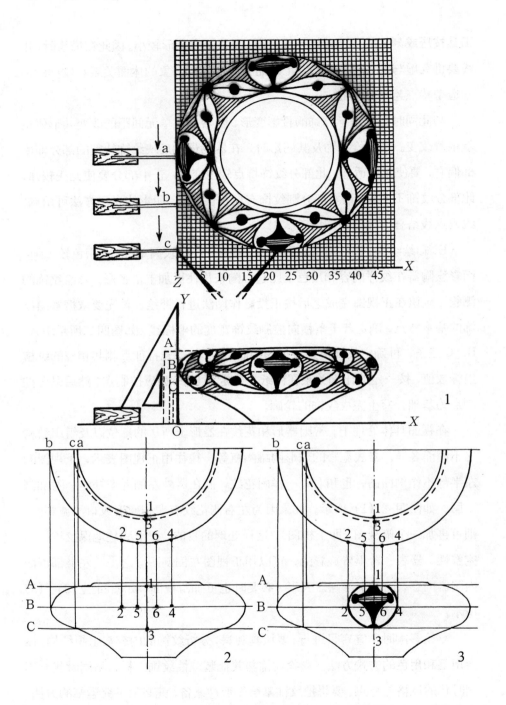

图四二 利用坐标法补绘彩绘纹饰

第四章 ◎ 各类器物的具体绘制方法

图四三 彩绘陶器视图及其描绘方法

1.彩陶瓶（红山文化）2.彩陶盆（仰韶文化）3.彩陶罐（齐家文化）4.彩陶盖（屈家文化）5.彩陶豆（马家窑文化）6.彩陶壶（半山文化）7.彩陶罐（大汶口文化）8.彩陶盆（大汶口文化）

图四四 彩陶纹饰的用笔描绘
1—8.屈家岭文化的彩陶纺轮图案 9—14.仰韶文化的彩绘图案

第四章 ◎ 各类器物的具体绘制方法

浅棕红　朱　红　浅　绿　橄榄绿

图四五　复色图案技术处理图例

划出，还是接连画出。是双勾填实还是补笔填实，总之摹绘彩陶纹样时必须做到形准笔顺，绝不能添枝加叶，随心所欲。

一般而言，彩陶纹饰及色彩比较简单，纯朴而自然。下面我们选择了仰韶文化彩绘图案和屈家岭文化的彩陶纺轮为例。如图四四所示，以便读者分析了解其时代不同，装饰内容及装饰风格也不同，从而学习掌握具体的用笔技法，将彩陶纹样摹绘得惟妙惟肖，形神兼备。

对于陶器彩绘色彩的处理，单色的最为简单，用墨涂彩色部分即可；两种色彩的图案纹饰，深色的涂墨、浅色的压网纹或双勾轮廓均可；三种色彩以上的图案纹饰，条件允许的最好用彩色临摹或制作彩色图版，如果条件不允许，可采用一种墨的不同技术处理手法加以区分，例如黑色用涂墨，白色双勾留白，红色用点，黄色用斜线等。但要用图例标示，如图四五所示。

（二）三足陶器

三足陶器比较多见，如鬲、鼎、鬶、爵、斝、甗、盉等。

1．视图：三足陶器的视图，仍是以一个正视图为最常见，但为了表现鬶和爵杯的流，则须加绘其俯视图（即上视图）；鼎盖上的花纹图案复杂的，也要加绘俯视图；如果三足陶器的局部造型独特或纹饰复杂需要着重表现的，亦应加绘局部的侧视图。例如鼎的耳或足，斝和爵的鋬等。凡是加绘的侧视图，一定要放在其部位的近旁。如图四六所示。

2．比例：由于三足陶器种类繁多，形体结构各异，大小悬殊。因此在绘图时要依据工作的需要酌情选择适当的比例。

3．轮廓：测绘三足器的轮廓时，器物的摆放方式因其造型特征的不同而各异。

鬲，一般而言是两足摆放在前，一足在后，前两足左右对称，后一足居中。

鼎和盉，一般是两耳左右对称摆放，两足在前，一足在后，如果鼎足上有兽头纹饰等需要突出给予描绘时，亦可一足朝前摆放。

鬶和盉，一般是两足在左摆放，一足在右，流和鋬在一条横线上，特殊

第四章 ◎ 各类器物的具体绘制方法

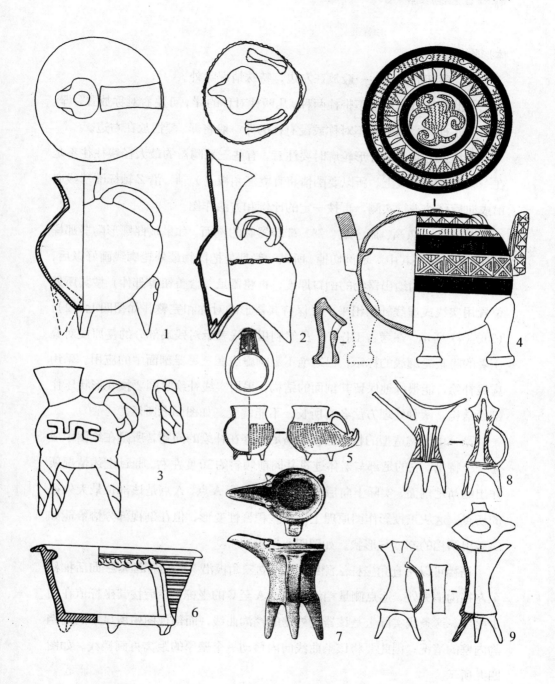

图四六 三足陶器视图选用及排列方法图例
1-3.陶鬹 4.彩陶鼎 5.鸭形鼎 6.三足陶灶 7.陶鬶 8.9.陶鬶

体形除外。

爵，爵杯的流和柱一般放在左边，特殊情况除外。

斝的形体有带柱和不带柱两种。凡两柱对称的斝，可左右对称放置，斝、鋬位于正前方；凡两柱不对称或没有柱的斝一般将斝、鋬摆放在右边。

测绘三足陶器的外形轮廓时要注意，有些三足陶器的最大径线往往不是在一条垂直的曲线上，所以要酌情将直立三角板（Y 轴）沿 Z 轴标准基线向前或向后移动进行实测，再按一定的比例和方法作图。

4. 剖面：像鬲、鼎、甗、鬶、斝等器物的剖面。如果按照圆形陶器那样剖切，则往往将其中一足剖切掉，所以一般都是把器物最外轮廓线画好以后，在左半部轮廓内绘出器物的剖口厚度，再将器足（含盖钮等部件）按其所处位置用实线或虚线补绘出来，以保持其器形的对称和完整。如图四七（2）、（3）、（4）所示。在考古工作中，虽然利用虚线表示对残缺部分的复原或对叠压着的隐蔽轮廓线的标示，但这绝不影响虚线在三足器剖面中的应用。采用虚线补绘，能很好地保留其剖面的结构，采用实线补绘时则要按其形状压住剖面结构。两种处理方法各有所长，不能偏废。如图四七所示。

鬲，由于其造型的特殊性，即鬲足不存在补绘的问题，所以在绘图中成为一个特例。它的足部与器体连贯并向前倾斜约30度左右。通过上述情况所作出的鬲足剖面，实际上向后推移30度左右至 A 点，A 点是该部位最大外径的切点。这从正投影作图原理上讲有些积聚性变形，但在剖视部分恰恰能如实画出鬲裆的高度与形状。如图四八所示。

鬲裆可以用直角坐标法测绘，将直立三角板沿"Z"轴标准基线向后推移至左裆沟消失处，逐点测量裆沟起始点 A 至 C 的坐标，然后按其坐标值在图中绘出。这条线实际上是该器物外壁的裆沟曲线，而剖视图中所显示的是裆沟内壁的情况，因此要将该条曲线向内移动一个壁厚的距离再画裆线。如图四九所示。

鬲的剖视图中的裆线有三个特点：

其一，裆线不能与剖面内壁相接触；

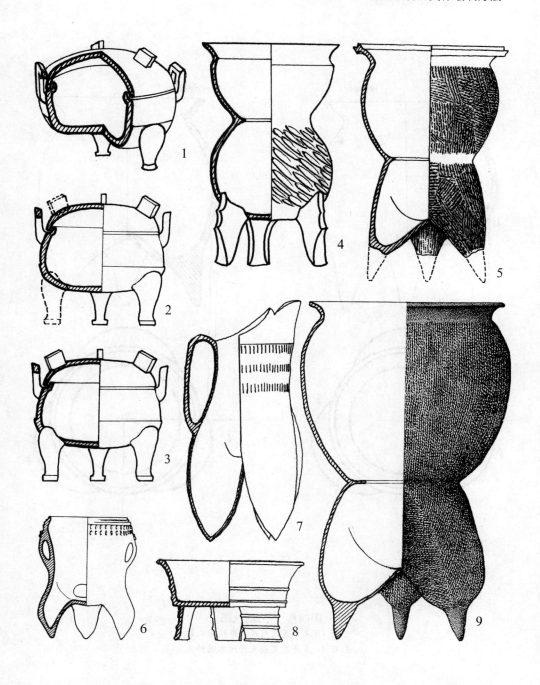

图四七 三足器剖面及其处理
1.鼎半剖面剖口直观图 2.采用虚线补绘剖掉的鼎足与钮 3.采用实线补绘鼎足与钮 4.采用实线补绘甗足 6.陶鬶 7.陶盉 8.三足陶盘 5.9.绳纹陶甗

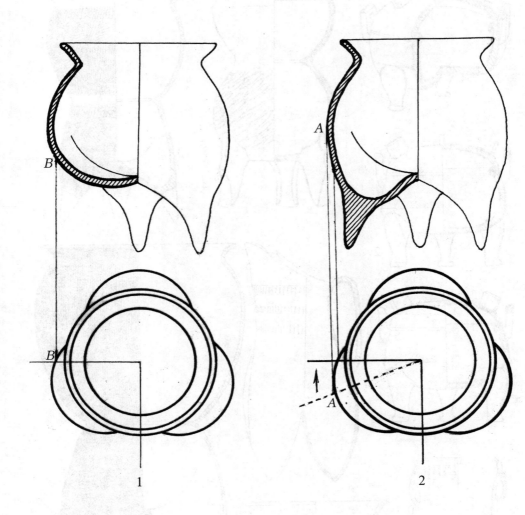

图四八 鬲的剖视图
1. 不正确（B点不是鬲足最大外轮廓之切点）
2. 正确（A点是鬲足最大外轮廓的切点）

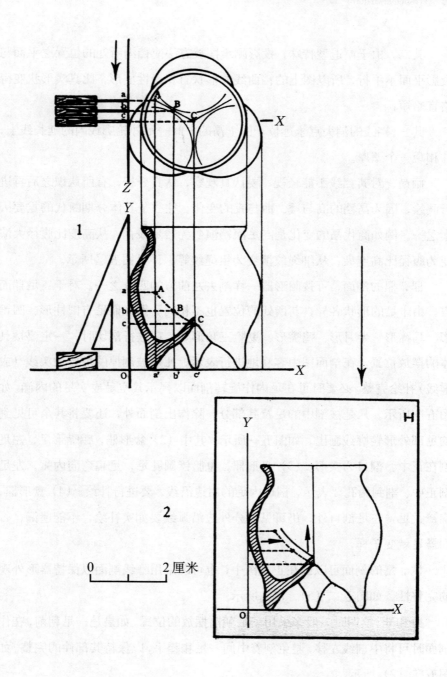

图四九 鬲的剖视图中裆曲线测绘示意
1.A-C 为鬲裆沟曲线 A.鬲裆消失之点 C.裆沟中心点 2.实测图中裆线的表示

其二，由于鬲造型特殊，投影测绘摆放方法使裆沟所处的位置之平面与投影平面不平行，所以图上的裆曲线的形状有积聚性变形，比真实形状变得略直略短；

其三，裆线的消失点永远位于图上鬲的中间一足外轮廓线内的延长线上，并相距一个壁厚。

画鬲，对其裆线不能轻视，要认真观察，认真分析，有所认识之后再进行测绘，因为鬲裆的高与矮、曲与直的变化，往往是具体分期断代的重要因素之一。例如商代鬲的变化是高足深裆演变为矮足浅裆；从高度比腹径大演变为腹径比高度大；从细绳纹演变为粗绳纹等。详见图五〇所示。

鼎，鼎的剖面，可按圆形器一样剖去左前方的四分之一。对于三足鼎而言，由于足的形状各异，其所处的位置也不相同。例如鼎足有圆柱形、圆锥形、马蹄形、半月形、鸭嘴形、鬼脸三角形等。在进行剖切时，一定要按具体的摆放位置，在剖面图中客观地进行表示。凡是被剖掉的足要用实线（或虚线）补绘完整，必要时可在足内作旋转剖面以揭示其空足或实足的内涵。如图五一所示。凡是被剖中的足及其部分，除作出剖面外，还要将其余可见到的足部外形轮廓线画出，如图五一所示。其中（2）盆形鼎，鸭嘴形足，左足剖在正中、剖口为实形。（3）盘形鼎，鬼脸镂圆孔足，足扁弯向内弧，左足剖正中、剖到两孔要表示，剖口内足的右边沿线，要进行补绘。（4）盘形鼎，扁铲式足，左足剖口外，仍可见部分外边沿弧线要如实补绘，不能遗漏，否则器足就变了样。

甗，甗的剖面可以画在正视图中，也可以采用隐线剖面以保持器形外观的完整性。如图五二（5）、（6）所示。

爵和斝，绘图时一般多采用一足朝前摆放的位置，如果是一足朝前，在作剖面时可将中剖线左移，避免剖着中间一足和鋬手，以保持其部件的完整。如图五二（2）所示。

总之，在考古绘图中的各种类型的三足器，在剖面之内，凡是一切可见的棱线及其痕迹等都要如实画出，绝不能遗漏。凡是符合正投影原理的画法，

第四章 ◎ 各类器物的具体绘制方法

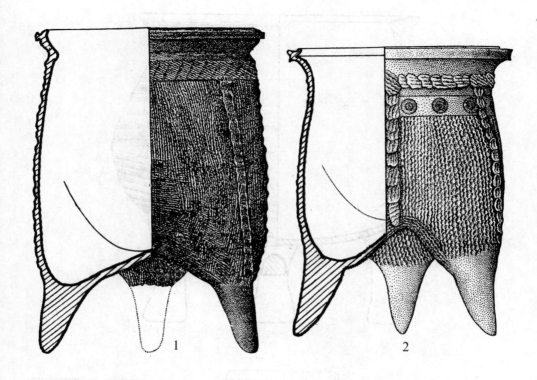

图五〇 陶鬲剖面内裆线描绘图例
1.陶鬲的半剖面例图 2.陶鬲中剖线左移 3.殷墟陶鬲的分期图表

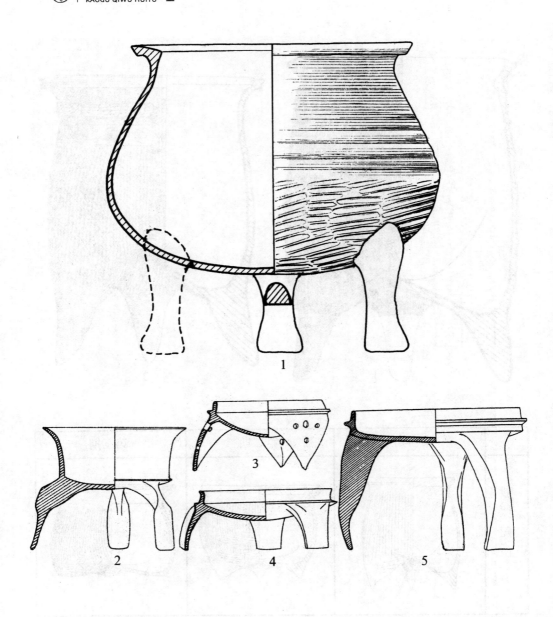

图五一 鼎足剖面具体描绘图例
1.釜形陶鼎 2.盆形陶鼎 3.盘形陶鼎 4.盘形陶鼎 5.盘形高足陶鼎

第四章 ◎ 各类器物的具体绘制方法

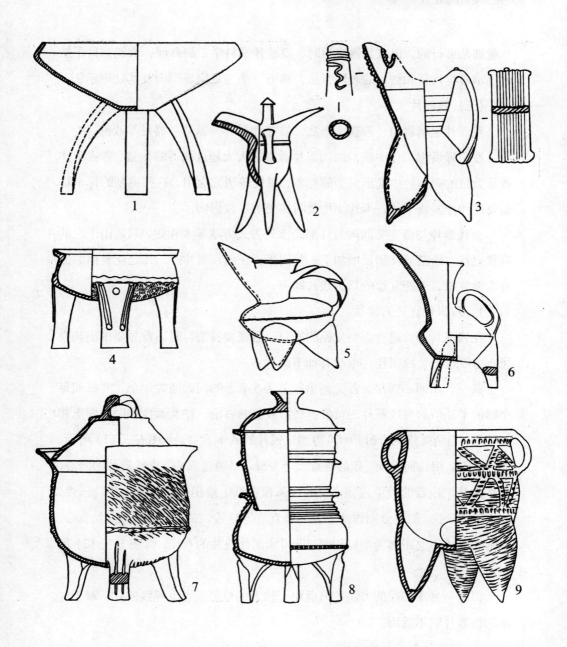

图五二 三足陶器图例
1.4.7.陶鼎 2.陶斝 3.陶盉 5.6.陶鬶 8.陶甗 9.陶罍

一般都是可行的，但在具体应用时，要选择最科学、最合理、最能一目了然地揭示器物特征和结构的表现方法。图五二为三足陶器剖面及其处理示例。

（三）残器片

残器片包括器口、器腹、器底、器盖和器耳、器錾、器足等残部。

在田野发掘工作中获得的陶器片数量常大大超过陶器的数量，考古工作者从大量的碎陶片中选出典型的标本，供比较研究之用。这些典型的标本都需要逐件作器物卡片，卡片上均要附实测的正投影图。

画残器片与画完整的陶器外形轮廓的方式方法基本相同，只是由于它的形状已残，给摆放及测量增加了一些困难。在画残器片时，凡是能复原的部分均要复原，不能复原的只画残片即可。

1．残器片直径的求法

在残器片中，遇有需要复原的器口、器底或器盖等时，首先要求出其直径，方能进行复原工作，求法有如下两种：

其一，用同心圆法。首先画半径差为5毫米的同心圆数十个，并标明每个圆的半径值，将残器片的口沿、底沿或盖的唇沿，按其弧度在同心圆上相对移动，当两弧线吻合时，即可得到该残片的基本直径。如图五三（1）所示。

其二，用几何定理"弦的垂直二等分线，必通过圆心"求残器片的圆心。其作法是把残器的器沿或底沿等的圆弧覆在纸上绘出，在此弧上任选三点，作AB、BC弦，然后分别作此二弦的垂直二等分线，二线相交于一点为圆心。以圆心至A点之距离为半径作圆，即可求出此残片的直径。如图五三（2）所示。

以上两种求圆径的方法，只适用于较大的口沿、底沿等残器片，对于过小的残器片则不适用。

2．残器片形的具体画法

①残器口：陶器口沿残片，较为典型的标本常常需要绘图。一般能复原的，要作复原图。不能复原的要画一个正视图和一个附加剖面图。

凡属较大的残器口沿，首先按上述介绍过的方法求其直径。然后将残片

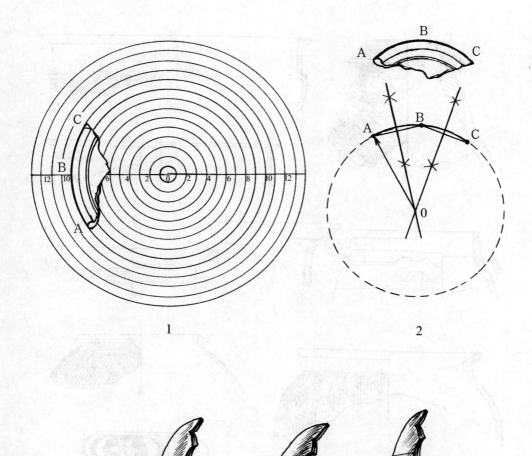

图五三 求残器口沿直径及测绘摆放方法示意
1.同心圆法 2.几何定理法 3.放置合理正确 4.5.放置不水平不正确

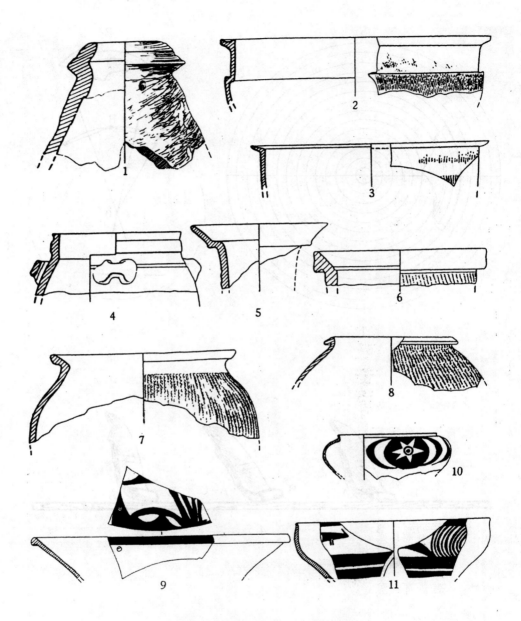

图五四 残器口沿直径复原图例

1.4-7.左右视图对称复原表示 2.3.8.右侧视图按残器口片形复原表示 9.口沿上有内外彩时增加上视图片形复原表示 10.为保持彩陶纹饰的完整性残器口沿复原的中剖线可向左移 11.残器口沿有内外彩的右侧可画外彩,左侧可画内彩,口沿片形对称复原表示

唇反转向下倒扣在事先画好纵、横坐标基线的坐标纸上,并移动残片相对完整器形的左侧或右侧位置,借助残片制作时留下的旋纹、轮纹等痕迹,调整好适宜角度,使其残器口沿置于一个水平面上,如图五三(3)所示,使口沿弧线A、B、C三点和板面(即水平面)完全密合,必要时可用橡皮泥支垫,以保证器形斜度的准确。

然后复用直角坐标法测绘完成,凡是能复原的,其成图表示与完整器形一样,剖面在左,外视图在右。凡施彩的,要如实测绘,有器内彩的也绝不能遗漏,要加绘上视图。总之,在刻画好残器口沿造型特征的基础上,处理方法可以有所不同。详见图五四所示。

凡是残器口沿过小不能复原的只画片形,片形左侧附实测片形剖面即可。如图五五所示。

②残器腹:测绘残器腹时,有个观察认识问题,在理解的基础上方可进行具体的摆放与实测。支垫复片时尽可能推断出原来的倾斜角度加以固定。例如使残器复旋纹成一水平直线,这样能基本保证器形的准确性。其残器复片的轮廓、片形及剖面的画法与残器口相同,有些剖面的剖切部位应在外视图中标示。如图五六所示。

③残器底:其画法与残器口相同。先求出底径,然后进行测绘。一般剖面放在左边,外视图放在右边。残器底的圈足特征要如实给予描绘,器底若有孔需要表示时,可增加底视图。如图五七所示。

④残器盖:其画法与器口、器底相同。残器盖上面有装饰性花纹及镂空时,绝不能遗漏,都要表示,有的可增加上视图,如图五八所示。

⑤残器耳:测绘时应按残器耳在原器上的形状摆放,横的、竖的、倾斜的或垂直的。一般画一个正视图和一个剖视图即可。两视图之间距要适宜,如图五九所示。

⑥残器足:主要是鼎、鬲、甗的足,一般都只画一个正视图和一个侧视图或纵剖面。有必要时可在正视图中加绘旋转剖面图。纵剖面放在器足之左,横剖面放在其下,视图的多少可酌情选用,如图六〇所示。

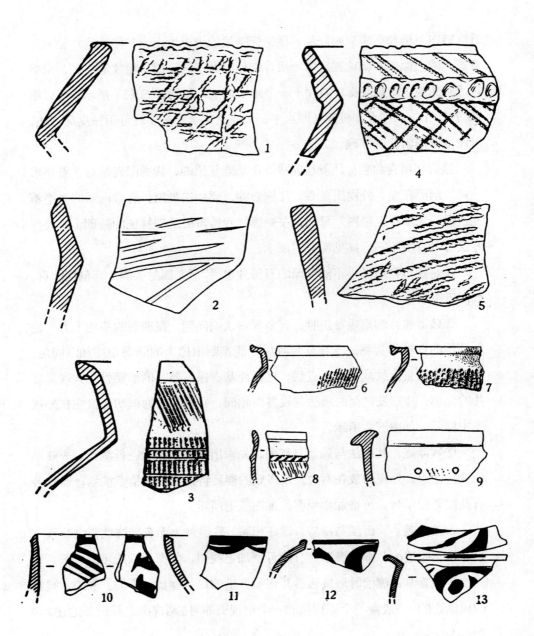

图五五 残器口沿片形的表示

1—5.采用附加剖面与片形正视图上口沿加一横向平行线进行表示 6—9.采用附加剖面及片形正视图之间加一短线段进行表示 10—13.彩陶残器口沿片视图间的表示

第四章 ◎ 各类器物的具体绘制方法

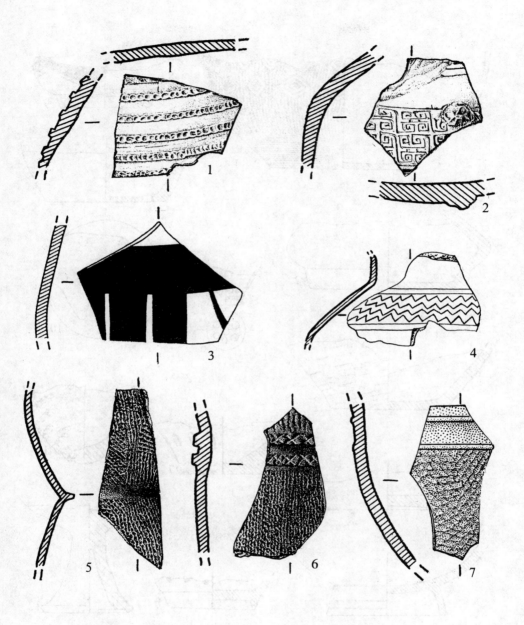

图五六 残器腹的表示
1.2.采用二个附加剖面表示残器腹片形 3—7.采用一个附加剖面表示残器腹片形

· 85 ·

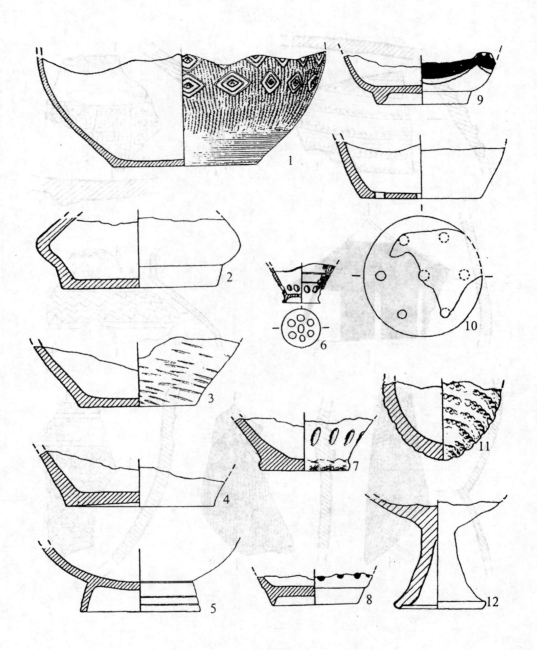

图五七 残器底的表示
1—3.7.平底 4.平底微鼓 5.高圈足 6.镂孔高圈足 8.9.矮圈足 10.镂孔平底
11.圆底 12.喇叭形高圈足

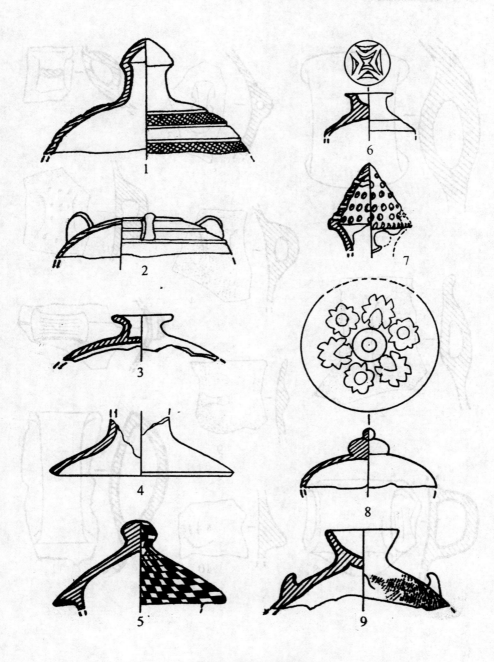

图五八 残器盖的表示
1—5.7.9.采用半剖面表示 6.8.采用正视图和上视图表示

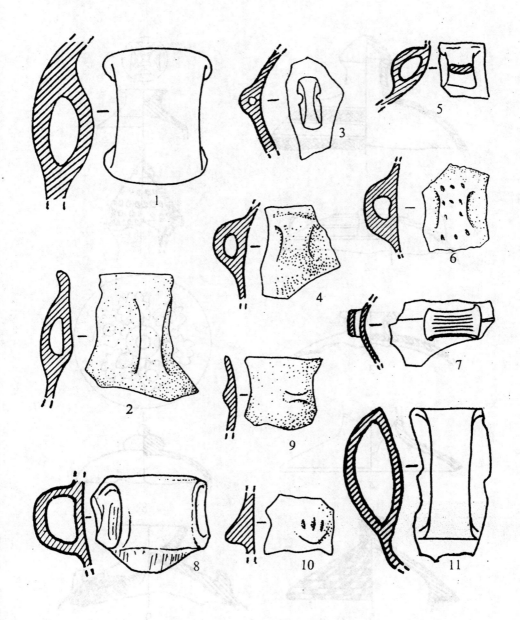

图五九 残器耳的表示
1—6.8.11.纵向空耳 7.横向空耳 9.10 盲耳

第四章 ◎ 各类器物的具体绘制方法

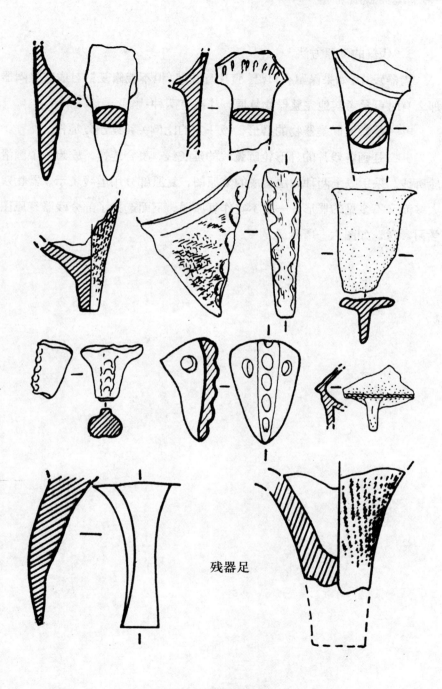

图六〇 残器足的表示

· 89 ·

3. 残器的复原方法

陶器残片,如果保留有口沿、腹片及底部(但不能修复粘对成完整陶器),那么有时可参考其他完整器物复原,作法有两种:

其一是参照同类器物的器形,按一定的比例关系绘出复原图。

其二是画各残片的外形轮廓弧线的延长线,凑合连接,成为一个圆滑的轮廓线。采用以上两种方法画成的复原图,复原部分用虚线表示。器物残缺太多而又不多见的器形,一般不宜作复原图。下面选择了部分残器复原图供学习参考,如图六一所示。

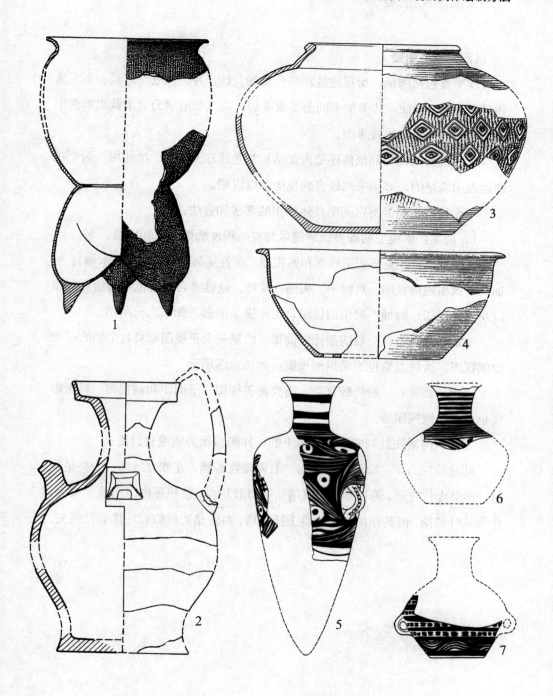

图六一 残器的复原图例
1.陶甑 2.陶壶 3.陶罐 4.陶盆 5.彩陶小口尖底瓶 6.彩陶平底瓶 7.彩陶双耳瓶

（四）模型明器

模型类包括陶俑、房屋建筑、亭台楼阁、灶、井、陶仓、灯具、畜、禽和兽类等等。因此，其类型不同而要求各异。图六二所示为甘肃武威雷台出土的绿釉陶楼院立体效果图。

这件模型无论外部形体还是内部结构都是比较复杂的，绝非用一两个视图能表示清楚的，必须采用较多的视图加以说明。

下面按模型明器类别阐明具体绘图的要求和方法：

1. 视图：依模型明器类别的简单与复杂程度酌情处理和描绘。

①陶俑：一般主要画正视图和侧视图，衣着复杂的陶俑（包括木俑），可加绘背视图或俯视图。对帽子、头饰、发型、靴鞋等必要时也可增绘局部图以及放大视图。画俑不采用剖视图，也不描绘阴影，如图六三所示。

②禽畜和兽类：一般造型比较简单，绘制一个正视图即可，个别的可增绘侧视图。这种类型也不采用剖视图。如图六四所示。

③房屋建筑：一般比较复杂，需要画正视图、平面图和剖视图，根据需要也可增绘侧视图等。

下面以河南陕县刘家渠汉墓出土的一件陶房屋为例进行讨论：

此房院四方形，前后二进平房，右侧盖牲畜棚，左侧立矮墙，中央是院落。平房皆长方形，悬山顶，屋顶铺瓦饰圆形瓦当。前屋屋檐下出跳一梁头，作垂头叶装饰，但其作用似同斗拱上托屋檐。右转角处原似有斗拱而已残失。

第四章 ◎ 各类器物的具体绘制方法

图六二 陶楼院立体效果图

图六三 陶俑的视图及其排列
1.战国俑(1/2) 2.3.5.东魏俑(1/5) 4.6.南唐俑(1/5) 7.俑的正、背、侧三视图(1/4)
8.俑的发式三视图(1/4)

第四章 ◎ 各类器物的具体绘制方法

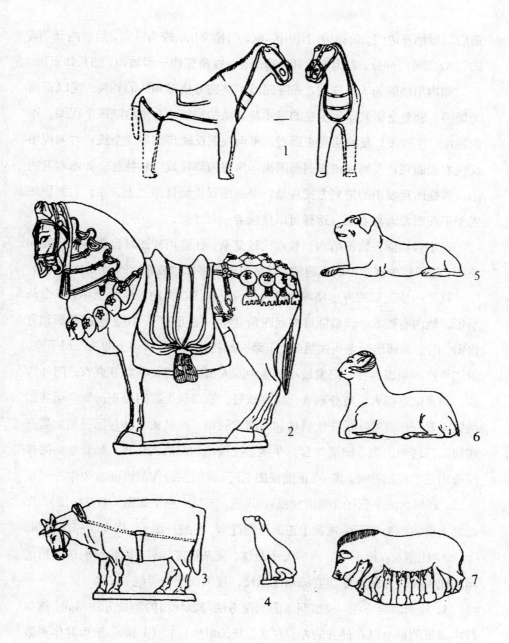

图六四 畜俑和兽俑视图及描绘图例
1.战国陶马 2.唐陶马 3.陶牛 4.5.陶犬 6.陶羊 7.陶猪

前后二屋都开边门。前屋边门作出门框，门楣突出，较为讲究。后屋内竖"隔山"，分二屋两部分，右山墙上开小窗一个。牲畜棚作一面坡顶，铺瓦如正屋。

棚内用墙隔为大小三间。屋院四墙都装饰方格对角线的划纹，尤以正面为繁缛。欲要全面表示此房屋的形体及其结构特征，必须绘制四个视图。正面视图（主视图）反映房屋正面观；平面视图反映房院屋顶全貌；右侧视图反映右侧面观；左侧视图作剖面图揭示房屋内部建筑结构特征。如图六五所示。其视图及视图的排列方式应是：平面图置正面视图之上，左、右侧视图置于平面图左面与右面，这样可以使读者一目了然。

④亭台楼阁：建筑结构一般都比较复杂，在选用视图时也要本着精简的原则，能用较少视图说明问题的，就尽可能不多增加视图，例如图六六所示。

这是一座三层的方形楼阁，底为折唇平底浅盘式池，池沿上环列5个骑马俑，池内有鸭6个。最低层楼阁四角立柱，柱间有门，门上透雕菱形和方格窗。四个角转出跳龙头式挑梁，上蹲一熊托住横枋。横枋上即为二层平座。第二平座四周围拦杆，门窗较小。屋中四人围坐，皆长须高冠褒衣。门外四座，四角站立四人，瘦身紧衣，持弓执弩。第二层上端四角正、侧两面各出跳梁，置一斗三升斗拱托住横枋和四阿式肤檐。在肤檐上矗起第三层。第三屋楼阁四转角出跳斗同第二层。斗拱上托横枋和四阿式屋顶。如此复杂的楼阁选用三个视图即可。其一，正面视图（正面视图左边作剖视而右边作外视）；其二，底层水池平面图（即俯视图）；其三，二层平座平面图（即俯视图）。在处理上要将两个平面图放置于正面视图近旁，并统一编号，用文字标注说明。

2. 比例尺：模型明器器形大小悬殊，复杂程度各异，因此可酌情选用适当的比例尺。凡是成图都要标示比例尺，视图间比例要统一

3. 轮廓测绘方法：模型明器的测量方法与器物图的测量方法相同。例如较小器形的俑可以在俑身的左、右立直尺为纵坐标轴（Y轴），量取其体形最大外轮廓各特征点并记录纵、横坐标数值。然后将直尺沿Z轴标准基线向前或向后移动至其衣纹、手势、面形等各相平行的测点，量取细部并记录坐标数值。凭测量获得的数值按一定的方法作图。遇有较大的俑可利用测绳吊以

第四章 ◎ 各类器物的具体绘制方法

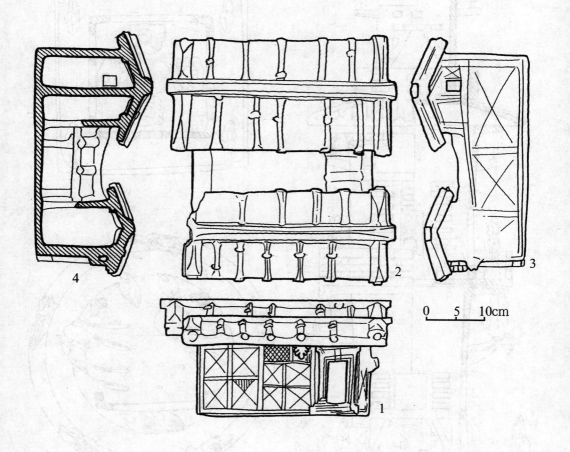

图六五 陶房屋视图及排列组合
1.正视 2.俯视 3.右侧视 4.左侧视

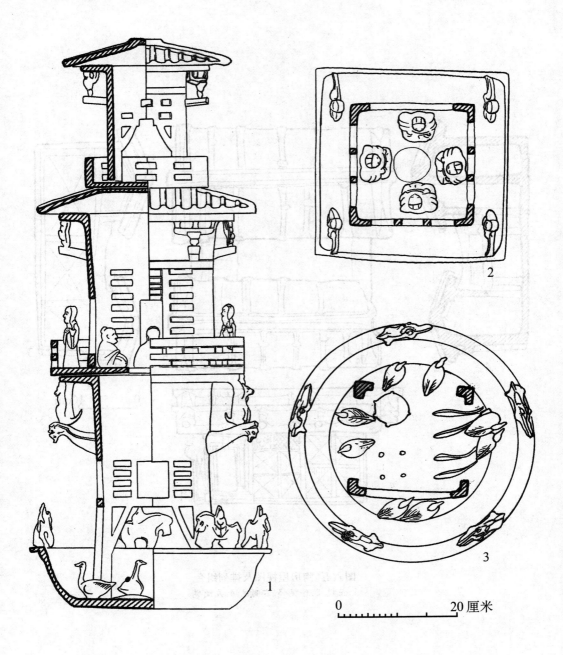

图六六 楼阁的视图
1.正视图 2.第二层俯视图 3.水池俯视图

垂球作标尺，复用同法测绘即可。

画俑时一定要将其体态姿势，衣着结构特征，主要衣纹走向等简明扼要地描绘出来。在线形运用上，俑的外形轮廓线可略粗些，而内部线则宜细些，这样处理会使造形明显突出。详见图六七所示。

木俑的测绘及其视图的选用，线形的使用等都与陶俑相同，如图六八所示。

亭台楼阁及其灯具、灶、井等等，测量方法与俑的雷同。在具体描绘上与俑不同的是一般不能缺少剖视图。在选用剖视图时可依形体与结构之不同采用半剖、局部剖或全剖面。为保持局部器形的特征或完整性，在剖视时其中心剖线可酌情左移或采用转折方式。以上器物视图的选用及其表示详见图六九所示。总之，要想画得准确，关键在于测量的精确。

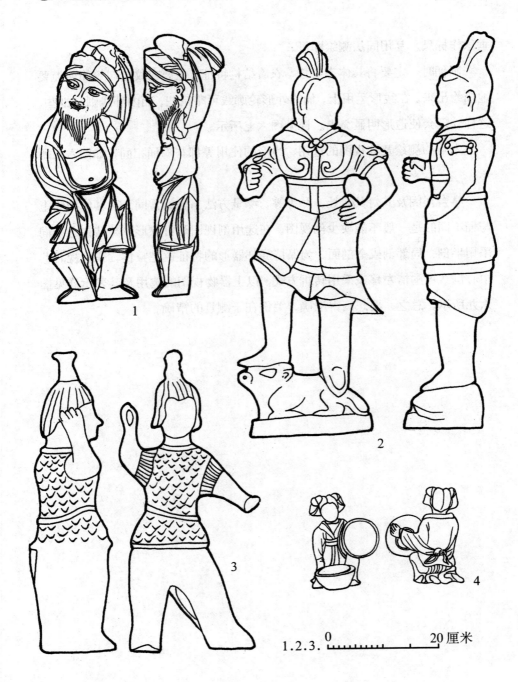

图六七 陶俑的表示
1.2. 南唐俑 3. 西晋俑 4. 东魏俑

第四章 ◎ 各类器物的具体绘制方法

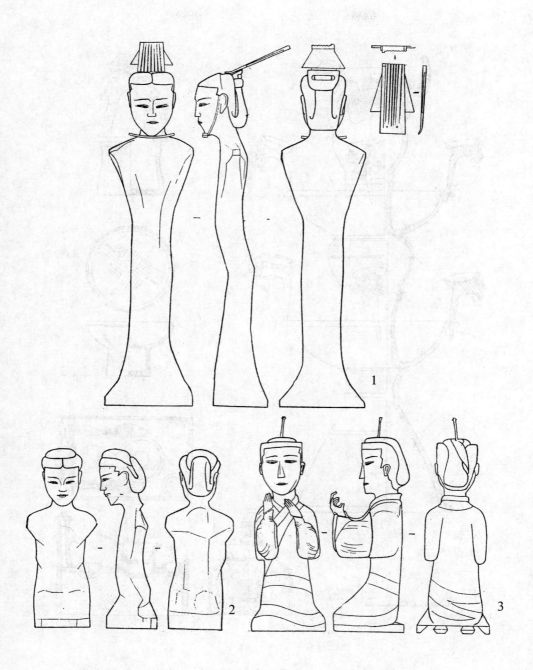

图六八 木俑视图及表示
1.木俑正、侧、背和局部视图 2.歌俑三视图 3.吹竽俑三视图

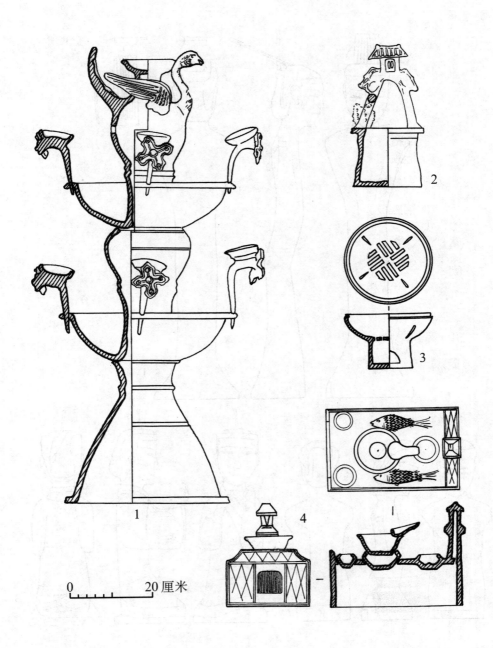

图六九 陶灯等视图及表示
1.陶灯 2.陶井 3.陶炉 4.陶灶三视图

三 铜器

铜器的画法基本与陶器相同,但测绘时必须注意以下几点。

(一) 视图

铜器之中,非圆形器比较多见,如方壶、爵杯、簋、簠以及兽形尊等等。画这类器形须增多视图,除正视图之外,至少也要增绘侧视图或俯视图。下面以铜匜为例加以说明。如图七〇所示。

这件铜匜极为优美,出土于唐山市贾各庄战国墓。铜匜器身呈椭圆,圆底。流向前突出作鸟首形,其颈上有一周几何形绳索纹及鸟羽纹饰,腹上也有一带变形绳索纹饰及鸟羽纹饰,腹内铸有两个张翼伸尾的鸭形纹饰,形象十分生动。与流相对的后方有一錾,錾的上端也作鸟首形。腹下有三兽形长足,上端铸有兽面纹饰。欲描绘这件造型独特,内外均装饰纹样的青铜器,仅仅用一个正视图和一个俯视图是远远不够的,必须再增加左、右两个侧视图,方能将其奇特的造型,生动而优美的装饰图案完美无缺地表示出来。

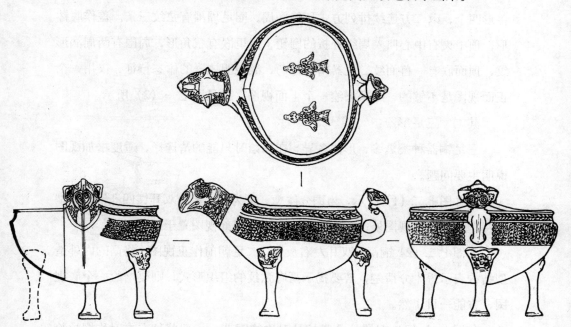

图七〇 铜匜的视图及其排列

一般铜器造型都比较复杂，纹饰也比较多样且繁缛，在选用视图时一定要依据论文或报告的具体需要决定。如果一个视图能说明问题，就不必增加第二个视图。有些局部特征需要表示的，如铜器的耳、鋬、足、链、流、口、盖等等，可绘附加外视图置于该部位近旁。下面选择了部分铜器线描视图加以分析。

其一，圆形铜器：

圆形铜器提梁壶，此酒器平唇微敞，溜肩，鼓腹，圈足。肩部有铺首衔环双耳，且上衔链和提梁，盖上有双环，链从环中出，肩上有蝉形纹一周，腹部饰六层蟠虺纹，底上有陶纹，盖上有窃曲纹，提梁上有羽状纹。该器造型美观，比例匀称。在视图选择上采用双耳左右对称放置的正面视图为主要视图，另加一个铺首衔环局部视图。这样能够比较突出地表示其内外形结构特征及纹饰组织的具体分布，详见图七一（1）所示。

圆形器铜豆。该器的最大特点是高柄细长，中间细，腹圆似钵形，口微敛，形成子母口，唇上嵌菱形纹，腹上嵌有兽形纹与盖上兽形纹相对。两侧有环耳上饰曲折纹，足成喇叭口形，柄上嵌涡纹和三角形纹，足上嵌有回首兽形四个，以二方连续排列方式环绕一周，圈足周围有弦纹三条。盖作腹钵形，顶中央有中心凹入周缘外折的圆钮，钮里嵌有三角形，周围有两周涡形纹，顶面嵌有一兽面纹。此器精致轻巧，欲说明该器的体态特征，仅用一个正面视图是不够的，必须增绘一个上面视图，详见图七一（2）所示。

其二，三足形器：

三足铜器种类繁多，形体各异，在描绘时只能酌情选择，适度增加视图说明主要问题。

例如图七二（1）所示，为铜分体甗，下为鬲，上为双耳镂四孔锅，造型奇特。除选用正视图外，需要增绘一个锅底局部视图置于近旁。

如图七二（2）铜鬲，双耳左右放置，二足朝前作正视图，将鬲的内外造型结构表示得十分清楚，若要揭示鬲底弦纹的组织形式，则要增绘一个底视图，方能一目了然。

如图七二（3）铜斝，凡带柱且对称的铜斝，一般将柱左右对称摆放绘

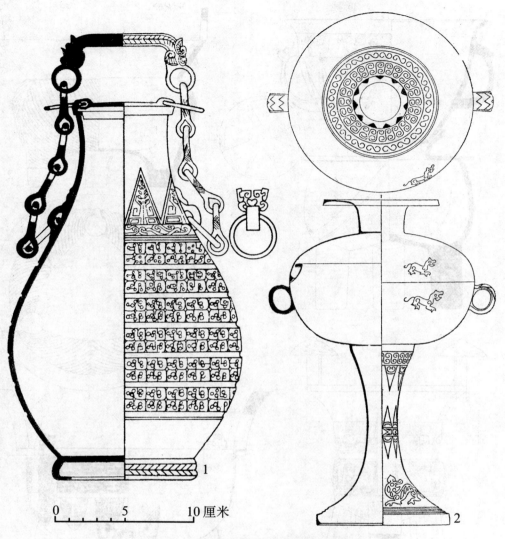

图七一 圆形铜器视图及其描绘图例
1.战国铜提梁壶 2.战国铜豆

图。为保持纹饰和局部造型的完整性,可不作半剖面,欲表示斝体的壁厚度,可采用隐线剖面予以示意。斝足内可作旋转剖面,提示其"丁"字形造型。

如图七二(4)所示铜鼎,造型奇特,三个兽头尤为明显。为突出其特征采用一足朝前摆放,两耳左右对称的方法测绘一个正面视图。左为剖视图,说明其内部结构,右为外视图,表示其外形轮廓、器表配件和装饰纹样在器表

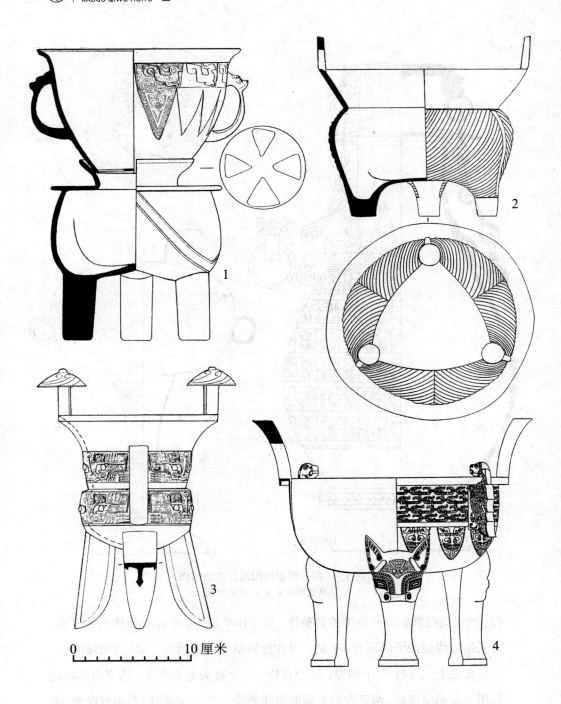

图七二 三足铜器视图及其描绘图例
1.铜甗 2.铜鬲 3.铜斝 4.铜鼎

的具体分布，这样用较少的图说明了较多的问题和主要问题。

总之，铜器视图及其视图的选用应与研究的课题密切相关。例如为了说明西周至东周初期铜鼎和铜簋在造型上的演变分期问题，选用鼎与簋的正面视图即可，剖面可以简化，器身上的装饰性花纹也可以省略；若要说明它们在装饰性花纹上的演变情况时，其正视图上的花纹不但要如实描绘，必要时可增绘花纹的展开图或示意展开图等。

（二）比例

铜器大小悬殊，造型各异，很难做统一的规定，通常选用的比例可参照陶器的。由于铜器造型的多样化和花纹装饰的复杂化，选用比例时要根据需要与可能酌情决定。例如，如果仅为了说明铜器造型演变的过程，作图时就宜选用较小的比例，如果既要说明其造型特征又要反映其花纹的组织结构，就必须选择略大的比例，否则在较小的视图中难以细致入微地表现繁缛的花纹。

（三）轮廓

铜器轮廓的起稿方法和步骤与陶器作图方法相同，一般采用直角坐标法，如图七三所示。器形特别规整对称的铜器如壶、盆、敦、瓿、簠等，可以采用轴对称法。

由于铜器的造型及其纹饰比陶器复杂的多，进行测绘时更要认真对待，简单形体可以少测些特征点，复杂的形体如鸟兽形铜器可以多测几个特征点，以能充分表达其轮廓特征为准，没有正确性的任何器物图，都是没有意义的。

（四）剖面

一般常见的青铜器形，也和陶器等一样剖去左前方器形的四分之一。但是在铜器中有些器形不太规整和对称，为保留局部造型的完整性及装饰性花纹的组织结构，则可变动剖线，多剖或者少剖一部分，甚至采用折线剖面，使器物外部特征及内部结构得到最充分的表示，如图七四所示。

鉴于青铜器在造型上的多样化与复杂化，选择剖面时应作具体分析，一定要认真选择能说明重要特征的侧面进行剖视，切忌随意性。

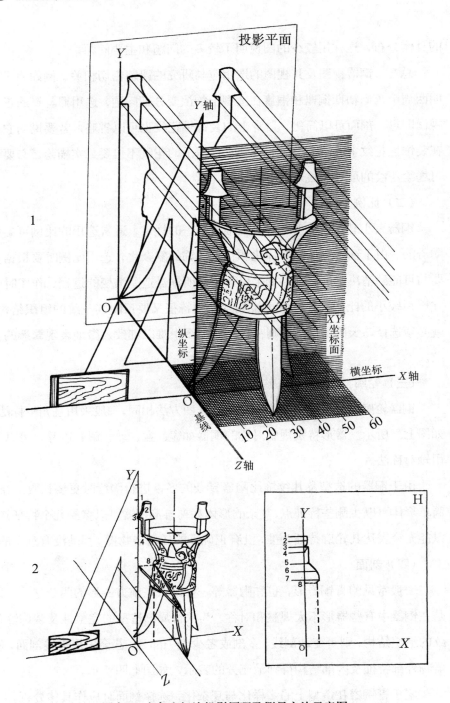

图七三 直角坐标法投影原理及测量方法示意图
1.直角坐标法投影原理示意图 2.采用直角坐标法具体
测量器物外形轮廓方法示意图

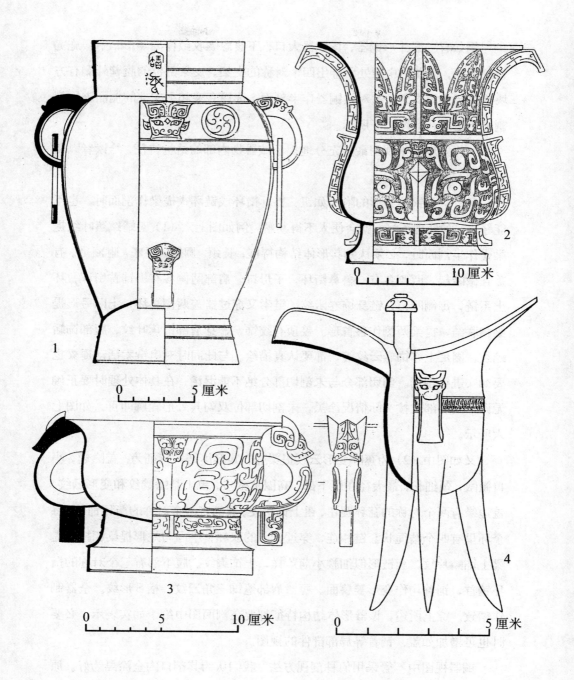

图七四 铜器的变动剖线示例
1.铜壶采用折线剖线 2.铜尊的剖线左移 3.铜簋采用左移剖线 4.铜爵杯剖线移至鋬首的左侧

例如有一漏斗形铜器，该铜器大口，下腹急骤收敛作漏斗形，中腰施宽带纹一道，内壁距中腰处平伸出四个对称的支架。支架部位的腹壁外侧有方块状突起加固支架。欲对该铜器作半剖面，选择有突起平支架的侧面进行剖割最为适宜。如图七五所示。

这样处理的剖视图最能充分地揭示该器物内部的结构特征，给读者以明确深刻的印象。

另外，对铜器器形的附件如钮、兽耳衔环或链环式提梁作剖面时，也不能轻率。如处理不好，就会使人不得其解。例如图七六（1）对蟠螭蕉叶纹提梁壶作半剖面时，必须认知其形体结构特征，长颈、圆腹，平底，附圈足。有盖且微隆起，两侧各有一兽鼻衔环，子母口。肩部两侧各有一铺首衔环，环上系链，每侧四节，链身饰卷云纹，链索又穿过器盖两侧之环，上以弓形提梁相联结，提梁两侧作兽首形。盖顶有纹饰，壶身肩部饰蕉叶纹，腹部饰蟠螭纹，圈足上亦饰卷云纹等，都要认真描绘。与此同时对串链索活动提梁也要如实进行剖切。剖切部分与未剖切部分绝不能混淆，在具体处理时要正确无误，剖切部位按实际情况涂黑，未剖切部位双勾其外形轮廓即可，如图七六所示。

又如图中（2）为蕉叶变形云纹提梁壶，其形体结构特征为：盖隆起，小口微敞，颈细长，最大径在腹下部，高圈足微侈。盖上是蟠螭纹和变形云纹。盖边缘有两个对称的套环圆钮，钮上饰绚纹。肩部有两个对称的衔环铺首，每个环里有四个结绳状套链相连，穿过盖上的双环，中间与蛇形提梁相接。提梁上饰鳞片纹，套链形似细腰小葫芦样，上饰绚纹。腹下部有三个对称的衔环铺首，铺首均作变形饕餮面。腹、肩部遍饰三角云纹、横S形纹。全器制作精致。综上所述，该器形体结构特征都要在剖面图中给予如实表示。必要时也可增加如盖、铺首等局部部件的视图。

铜器视图中不管采用何种剖视方法，我们认为其剖口内全涂黑为好。原因是铜器器壁一般比较薄，这样处理便于区别陶器剖口内的45度平行线，表明其质地的不同。例如有些仿铜陶器从外形到装饰性纹饰都达到了以假乱真

第四章 ◎ 各类器物的具体绘制方法

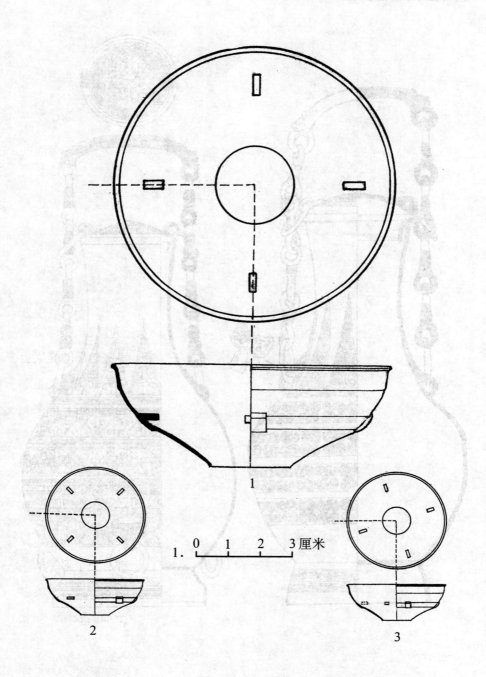

图七五 漏斗形铜器剖切部位的选择
1.漏斗形铜器剖切部位选择正确合理 2.剖切部位选择不适宜 3.剖切部位选择不正确

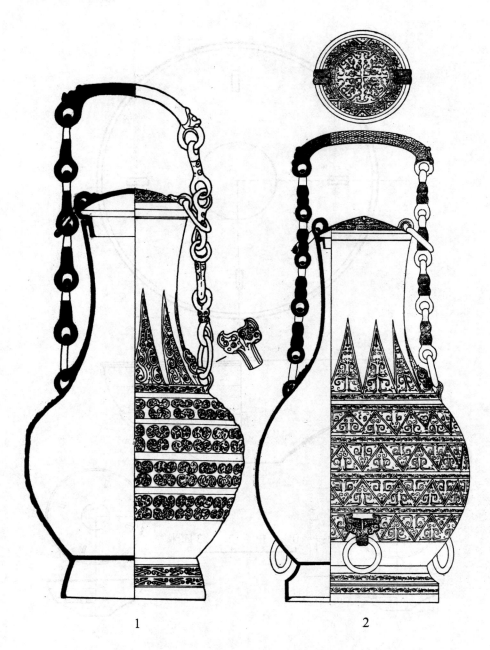

图七六 链环式提梁铜壶剖面结构的表示
1.蟠螭蕉叶纹提梁壶 2.蕉叶变形云纹提梁壶

的效果,从图上看很难区分,如果从剖口处理上采取两种截然不同的手法,即可明显地辨别开来,如图七七所示。

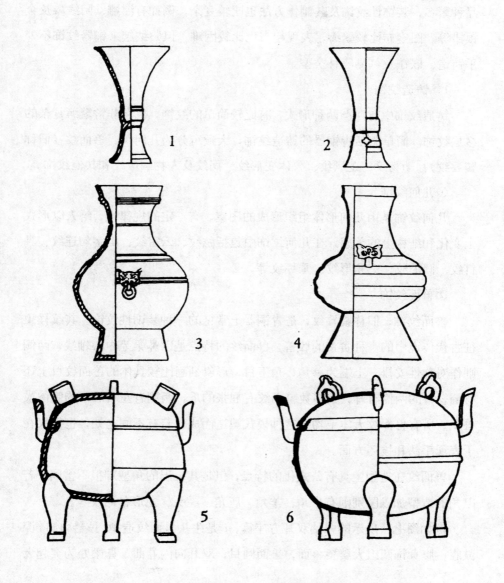

图七七 铜器与陶器剖口的不同处理比较图
1.3.5.为仿铜陶觚、陶壶、陶鼎 2.4.6.为铜觚、铜壶、铜鼎

(五)纹饰及其描绘

大量的考古材料证明,二里头文化已进入青铜时代,而中国青铜器上的纹饰,亦始于二里头文化期。商周时代为我国青铜器发展的鼎盛期,铜器的品种繁多,装饰性纹饰及其制作方法也比较复杂,例如有浮雕、阴线雕及金银错等。图案亦比较繁缛,表现起来也比较困难,但归纳起来铜器纹饰不外乎铸造、嵌镶及刻划三种类型。

1. 铸造纹饰

铸造纹饰中有凹凸两种形式,有比较简单的纹饰,也有非常繁缛复杂的多层纹饰。简单概括青铜器的铸造纹饰,大致可分为几何纹、兽面纹(旧称饕餮纹)、动物纹、龙凤纹、兽体变形纹、涡纹及人物画像纹和其他纹饰。

①几何纹饰

几何纹饰是由几何形体组织形成的图案,有一定的规律性,给人以形式上变化和结构上的美感。在几何纹饰中包括弦纹、云雷纹、山字勾连纹、乳钉纹、圆圈纹、三角形纹、重环纹等。

②兽面纹饰

兽面纹饰,旧称饕餮纹,是青铜器上常见的一种装饰性纹饰。其纹样象征古代传说中的一种贪食的凶兽,兽面纹的特点是以鼻梁为中心轴线,两侧则作对称性安排,上端为兽角,角下目,形象刻画比较具体的兽面纹目上还有眉,目的两侧有耳,大多数兽面纹有屈张的爪,两侧有左右展开的躯体或兽尾。所有兽面纹大体上均按这种模式塑造而成,若有不同之处,也仅仅在于表现手法和技巧方面。

兽面纹在造型上具有公式化的特点,但是其突出的角型却很不雷同,若以角的造型加以区别则有牛角、羊角、鹿角、虎头、龙形兽面纹等。

例如图七八所示的强伯双耳方座簋,就是牛头兽面纹造型。该器侈口,深鼓腹,腹身饰两组大饕餮兽面,兽面圆目,双耳向内卷曲,鼻梁处为突起大

第四章 ◎ 各类器物的具体绘制方法

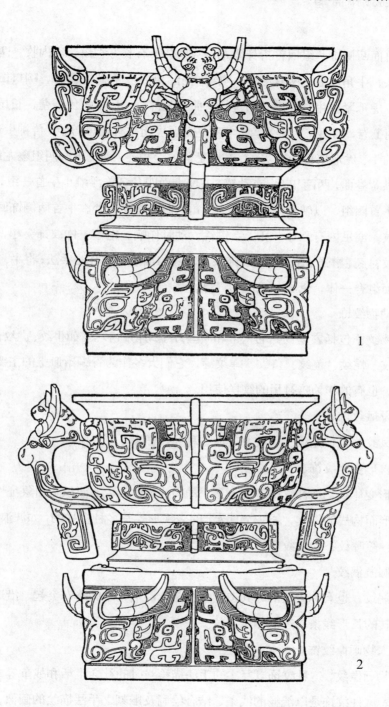

图七八 铸造纹饰中牛角兽面纹饰强伯双耳方座簋的描绘
1.侧面视图 2.正面视图

扉棱。兽面两侧饰两组回首折身夔龙。两兽耳下有长方垂珥，珥内收。两兽耳作牛头，牛角翘立，两耳侧竖，吻部突出。牛头上有恶虎盘卧，咧口衔牛首顶额，虎爪紧握牛耳。虎身为簋耳弯曲细长部分，后爪扒伏器壁，长尾下垂，尾稍上卷，与簋壁大饕餮兽面相呼应。恶虎衔牛首构思巧妙，传神生动，所刻画的牛、虎形象较为写实。簋高圈足与方座相连，圈足上饰四组夔龙纹，龙长身拱背卷曲，两两相对，有动感。方座上面四角各饰浮雕小牛首一组，四壁饰大牛首四组，以转角线作中轴，牛角微曲，翘立器外。牛首两侧饰回首折身夔纹。圈足内有悬环，环上系铜铃，动时作响。铜簋主体纹饰突起，细密云雷纹衬底，增强了立体感。纹饰采用写实和抽象相结合的手法，将牛、虎、饕餮兽面组合一体，更增加威严的气势。

③动物纹饰

动物纹饰包括家庭饲养的六畜和一些野生动物的形象。如牛纹、虎纹、鹿纹、兔纹、蛇纹、龟纹、鱼纹、蝉纹等。它们大多作为青铜器皿上的主要装饰纹样，也有的作为陪衬用的纹样使用。

④龙凤纹饰

龙凤纹饰包括龙纹、凤纹及其他各种鸟类图案。

⑤兽形变体纹饰

兽形变体纹，这种纹饰不具备某一动物的整体形象，而只是由象征性的兽体变形而构成的图案，它在青铜器上的表现形式是多种多样的，如波浪纹、鱼鳞纹、蕉叶纹、勾曲纹等。

⑥圆漩涡纹

圆涡纹，也有称火纹的，其造型特征是，圆形，中间略有突起，沿边有数道旋转的弧形线条，近似于水涡纹。

⑦人物画像纹饰

人物画像纹，这种纹饰以写实的手法描绘当时的社会生活和战争等方面的情景。这种纹饰是以流畅的线条，结合绘画及雕刻之手法描绘的画像，内容丰富，形象生动具体。如采桑、弋射、狩猎、宴乐及水路攻战画像等。

⑧其他纹饰

另外尚有绳纹、绳络纹和贝纹等等。

综上所述，青铜器上铸造的花纹种类繁多，要描述好多层次的铸造花纹，应以刻画好铜器器形为基本前提，要认识它的造型特征，分析各部位装饰花纹与器形的内在联系，准确而合乎投影原理地绘出它的内外轮廓线。

描绘时不论是单层纹饰，还是多层纹饰；不论是主纹还是底纹，都要首先了解纹线的组织关系，掌握它们的结构特点及其变化的一般规律。详见图七九所示。

在铜器中，有些是根据动物具体形象铸造的，如四足觥、夔纹象尊，其器形结构与其器表装饰纹饰紧密而巧妙地结合在一起，真可谓复杂多变，层次繁多。描绘时要用线条分出层次，刻画好基本形态并注意投影变形，绝不能顾此失彼，如图八〇所示。

总之在铸造纹饰中，归纳起来不外乎有凹凸两种形式。凹进去的纹饰俗称阴文，凸出来的纹饰俗称阳文。在考古绘图工作中，对凹凸两种形式的表现方法，习用我国绘画的传统技法——单线勾勒法。这种方法以简练的线条表现器物纹饰的组织结构，以线条的粗细表现层次及其质感效果等。用线具体描绘时我们认为可分为以下几种情况：

A．凡属铺地的细线纹，像云雷纹、回纹及细弦纹等，不论其凹凸形式如何一律用墨线描其本身，勾勒的线条要细而匀称，不表示明暗关系，但要注意投影变形。

B．凡属单层且较粗的凹凸纹饰，皆用墨线双勾其本身轮廓，中间留空白，图线要求粗细一致，如图八一（1）所示。

凡属有主纹与底纹之分的凹凸纹饰，底纹用细线勾勒，主纹可用略粗的线勾勒，这样处理可使主纹变得明显。如图八一（2）所示。

C．多层纹饰中，底纹用细线，略凸出其器表的纹饰部分宜用粗线双勾，主纹上面的纹饰视其宽窄程度酌情用细线单勾或双勾，如图八二和八三所示。

图七九 铜器铸造纹饰图例
1.单层纹饰铜觯 2.双层纹饰铜方缶 3.单独纹饰顺序二方连续排列 4.两种纹饰交错二方连续排列
5.单独纹饰对称组合 6.两种纹饰对称组合

第四章 ◎ 各类器物的具体绘制方法

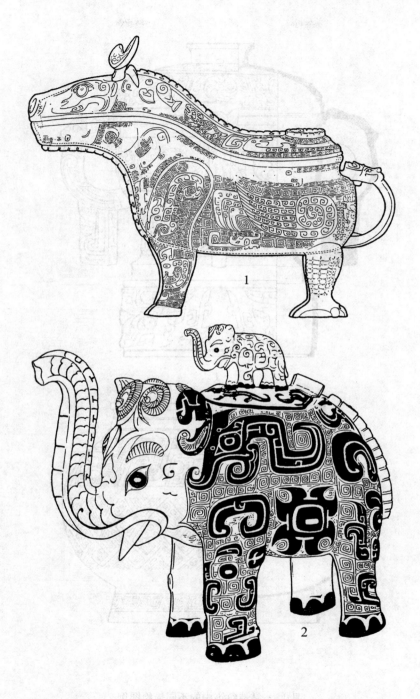

图八〇 兽形铜器图例
1. 四足觥 2. 夔纹象尊

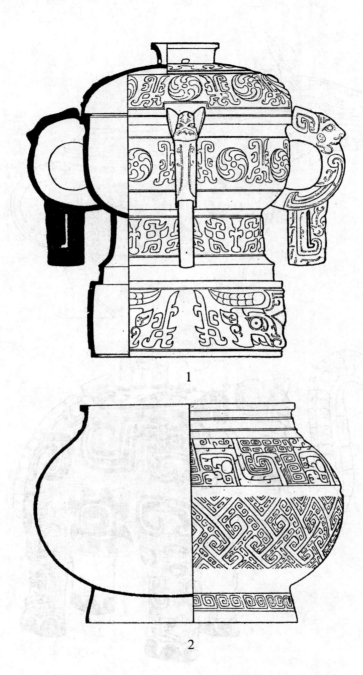

图八一 铸造纹饰中的不同描绘图例
1.单层较粗纹饰用线双勾轮廓，中间留空白 2.有主次之分的凹凸纹饰，主纹双勾，底纹用细线勾勒本身

第四章 ◎ 各类器物的具体绘制方法

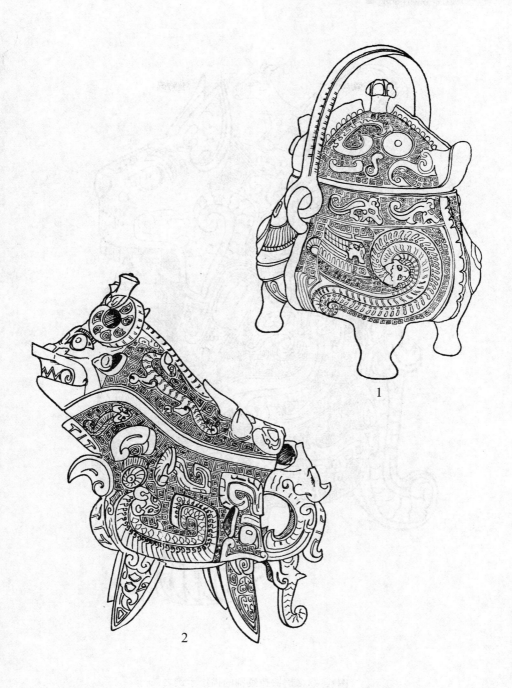

图八二 多层铸造纹饰的描绘示例之一
1.虺纹鸱鸮卣 2.兽纹觥

图八三 多层铸造纹饰的描绘示例之二

D. 对多层纹饰中的高浮雕，在描绘时，为增强其立体效果，主纹可用略粗的线型双勾，高浮雕本身的背光右侧和下方的地线可适当加粗些，如图八四所示。

E. 铜器的铸造纹饰若采用拓片法表示，则与上面讲述的线描法相反，凡凸出的纹饰部分皆涂黑；凡凹进去的纹饰皆为白。如图八五所示为拓片和依据拓片用单线勾勒的花纹图案的对比图。

上述用线表示的方法，谈起来容易，做起来难。要掌握这种线描方法，不仅要求有较好的功力，而且也要培养与提高对事物的观察概括能力。因为任何凹凸的纹饰造型结构都要集中用单线勾勒而成，所以用线要胸有成竹，不能随便潦草。线描很重要，画出来的必须符合投影原理，要正确表示具体花纹纹饰的投影变形，否则就没有科学价值。如图八六所示。

2. 镶嵌纹饰：这种镶嵌的纹饰有单错纹（即金或银）和金银并错纹。

①单错纹饰

单错纹饰可用线勾勒，底留空白；也可采取另一种相反的方法，将底全涂黑，这种方法对表现单错金或单错银之特征效果很佳，但描绘起来相当费工时。

②金银并错纹饰

金银并错纹饰可将错金部分用线单勾，面积大的勾勒轮廓后中间用墨填实，错银部分双勾轮廓，底留空白即可。

错金银纹饰都比较精巧细微，在勾线时线条要流畅，起笔落笔时要干净利落，收笔要实，线的接头要吻合，既不能粗又不能留空隙。如图八七所示。

3. 刻划纹饰：这种纹饰都是嵌刻上去的，一般纹饰都十分纤细，描绘时按其纹饰组织结构特征用细而有力的线条摹绘即可。如图八八所示为线刻纹匜上的人类社会生活礼仪纹饰。

一般而言，铜器的描绘较少使用阴影，这是由许多因素造成的，如器形的多样化，纹饰的复杂化等等。对铜器进行描绘主要着力于刻画好器物的造型特征和装饰花纹的组织结构。对一些素面铜器为了增加其立体效果，可以按素描的方法假设光源从左上方45度而来，用比较硬的平行线，包括直线、

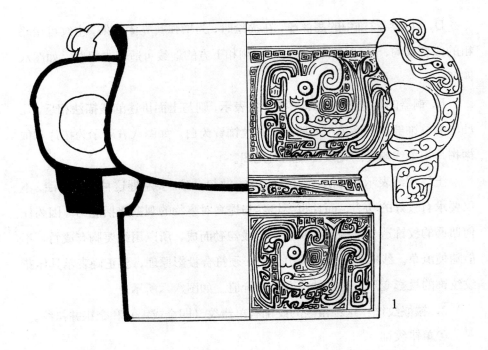

图八四 多层铸造纹饰中高浮雕的描绘
1.凤纹方座簋 2.饕餮纹圈足簋

第四章 ◎ 各类器物的具体绘制方法

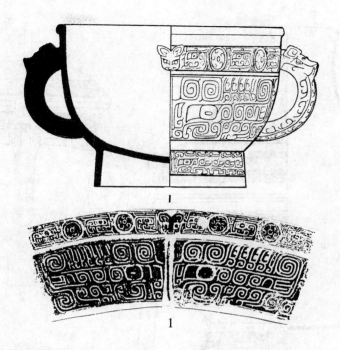

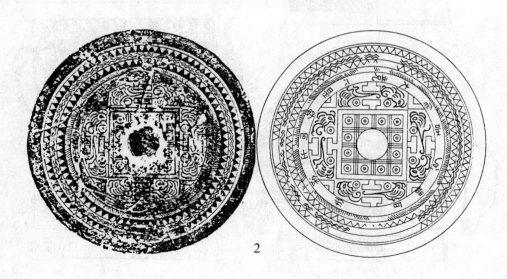

图八五 借助拓片描绘纹饰
1.铜簋纹饰拓片及线描图 2.铜镜纹饰拓片及线描图

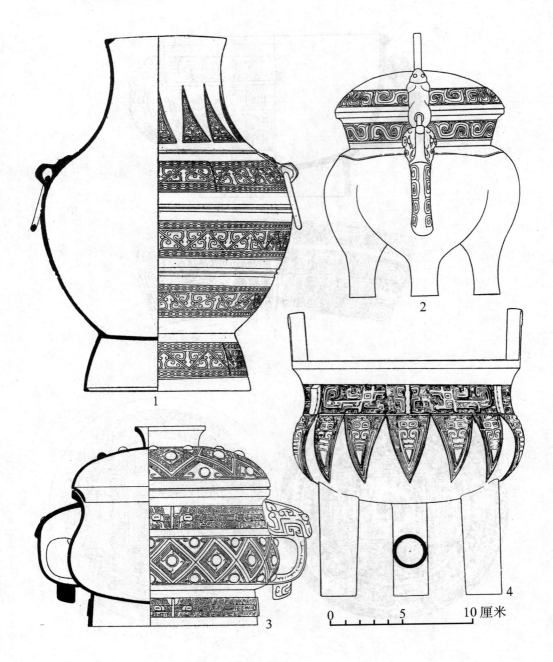

图八六 纹饰描绘要符合投影积聚性变形示例
1.蕉叶纹铜壶 2.窃曲纹有銎铜盉 3.方格乳钉纹铜簋 4.变形蝉纹铜鼎

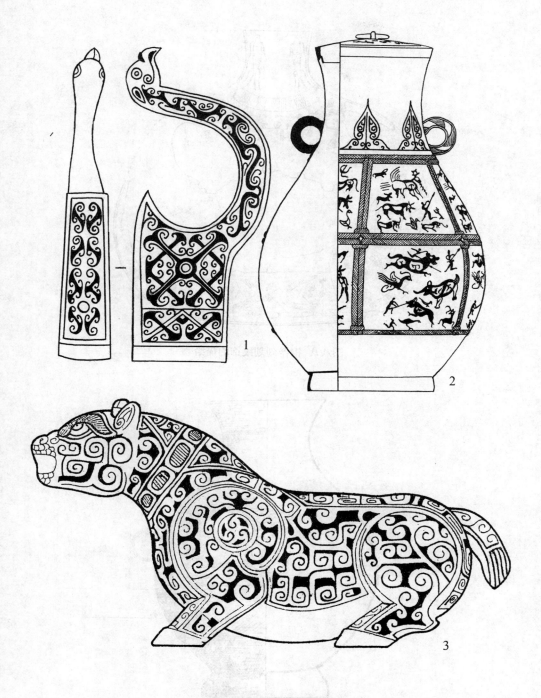

图八七 铜器嵌镶纹饰的描绘
1.战国错金银车饰云纹图案 2.战国嵌镶狩猎铜壶 3.错金银神兽纹正视图

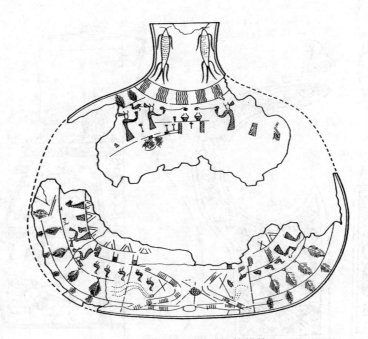

图八八 铜器刻划纹饰的描绘

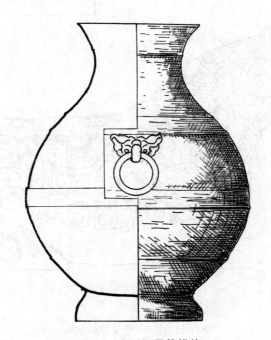

图八九 素面铜器的描绘

弧线、线段等来描绘，以表示其质地的不同。如图八九所示。

另外铜器上可以活动的部分，如提梁卣的提梁、车害的辖等均可以用虚线或箭头画出其活动的范围及方向。如图九○所示为铜羊尊灯活动范围的具体表示实例。

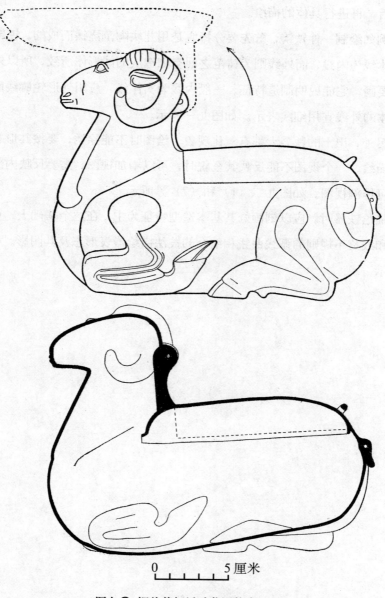

图九○ 铜羊尊灯活动范围的表示

四、铁器

铁器的描绘方法与陶器、铜器等在视图、测量、比例尺、剖面等方面都基本相同。但在铁器的特征描绘中，要特别注意做认真的观察，对其有了认识之后，再进行具体的描绘。

例如绘制一件铁锛，首先要分析它是用几块陶范浇铸而成的。铁锛的基本形体线为内线，而外线则为铸范之间空隙造成的间形体所致，所以外线也一定要画，它能说明制造特征。一般内线为实体线，应用外形轮廓线画，而范间体的外线宜用细线表示。如图九一所示。

另外，出土的铁器大都有氧化现象，绘图时不能除锈，要按其形态如实进行描绘。一个视图不能反映其全貌时，可以增加视图，需要反映内部结构时，可作剖视图。如图九二（1）和（7）等所示。

描绘铁器时，应以刻画好其基本造型特征为主，在这个基础上，可以采用点和线及不规则的弧线曲线相结合的技法描绘器表形态及其阴影。如图九二所示。

第四章 ◎ 各类器物的具体绘制方法

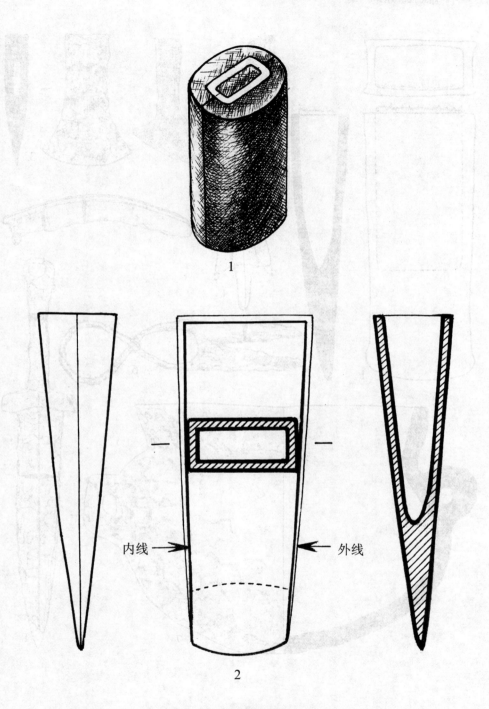

图九一 铁器铸造特征的描绘
1.铁锛陶范立体效果图 2.铁锛正视、侧视及附加剖面图

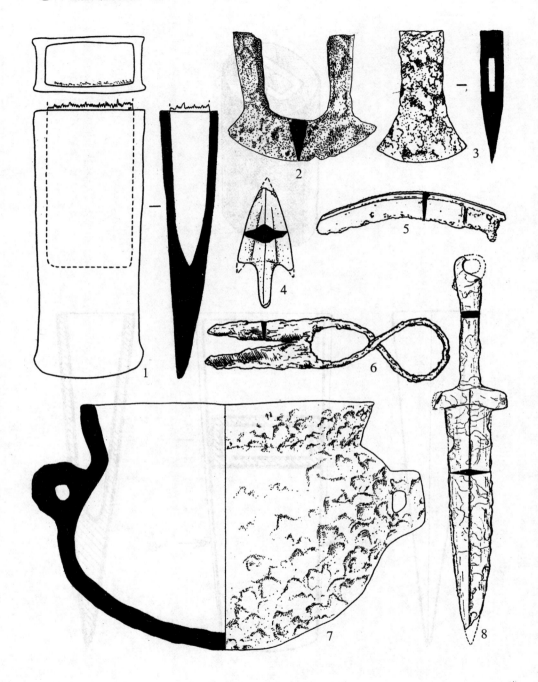

图九二 铁器特征的描绘
1.镬 2.锚 3.斧 4.镞 5.镰 6.剪 7.双耳釜 8.短剑

五、漆器

漆器在视图、比例尺、轮廓及剖面等方面与陶器的表示基本相同。

漆器的出现最早可追溯到新石器时代,到战国秦汉时则有了很大发展。由于时代的不同,漆器的装饰风格也各异。殷代基本保持其青铜器的风格;战国时代其纹饰在题材上趋于广泛多样,并注重写实;而到了汉代,由于绘画艺术的发展给漆器纹饰带来了一定影响,以生动而流畅的线条刻画的纹饰形象达到了比较高的水平。

例如图九三所示,是马王堆三号墓出土的漆鼎。旋木胎,胎厚。盖球面形,三环形钮。盖与鼎身作子母口相合。口微敛,鼓腹圆底。有两平直长方形耳,矮兽蹄形。器表黑漆,器内红漆。口沿一道菱形图案,盖和器身红色、灰绿色的涡旋纹和方连纹等组成几何云纹。足部朱绘兽面纹,两耳云纹。钮橙色,器底朱书"二斗"二字。该器制作精美,线条精细准确,图案组织严密且对称。对此漆器纹饰的描绘,要从分析纹饰题材内容入手,以刻画好其纹饰的组织结构特征为基础,进而进行具体用线描绘。

漆器纹饰的用线是非常丰富多彩的,需要有极高的用线技巧。例如粗线与细线的配置,曲线与直线的变化,刚与柔的运用,线与面的对比等等技法都应在摹绘时给予正确的表示。因此要掌握用笔的方法,下笔要准,行笔要稳,按其形象一气贯通。对其面可先双勾,而后填墨即可。有些漆器未施彩,而是以针刻的方法镌刻纹饰,线条相当纤细而秀劲,这种纹饰用沾水小钢笔摹绘为宜,利用沾水小钢笔的正落走笔与侧落走笔,画出粗与细的线来。说起来容易,做起来难,若想将纤细的行云流水的线纹惟妙惟肖以假乱真地摹绘下来,全靠手腕的功底,而不经过认真的磨炼,是绝不可能获得成功的。漆器纹饰如图九三所示。

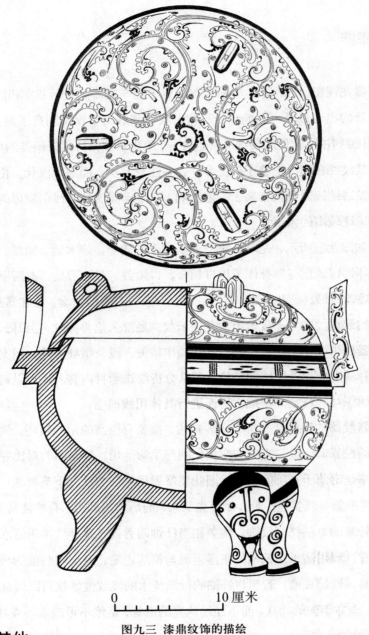

图九三 漆鼎纹饰的描绘

六、其他

骨器、玉器、蚌器等。

在石器时代考古中，骨器、玉器及蚌器等占较大比重，画这类图一般采用一个视图比较多见，必要时可增绘侧视图或背视图。

描绘这类器物时一般是采用许多平行线条表示其纹理及光线。平行线包括直线、曲线、弧线等。描绘时光亮的部分用线宜疏而浅，阴暗的部分用线要粗而密些。

（一）骨器：骨器外形轮廓用中粗的线勾画比较准确，骨骼内部线宜用细短线。总之，骨器图全用线组织，所以线的变化特别丰富，有时在一条线上也有粗细之变化。对于工具类重点要用线刻画好制作特征和使用痕迹。同时注意描绘好骨器的细部切割与钻孔等的明显特征。例如较多见的钻孔，有单面加工与双面加工的区分。孔壁的形状与角度千变万化，是直是曲是圆都要细心合理描绘，绝不能忽略。因为以上细节上的不同，是辨别骨器工具形式和加工方法的重要依据。如图九四所示。

（二）玉器：玉器一般器表光滑，描绘的重点在于勾画好外形轮廓。玉器纹饰雕刻较浅者用细线勾勒，一般不加绘阴影，特殊情况可酌情将有纹饰的部位外形雕线加粗些。有些玉器器形复杂可适当增加侧视图或附加剖面图。如图九五所示。

（三）蚌器：蚌器体积较小，一般采用原大作图。有些小件也可放大一至二倍以突出加工和使用特征。蚌器的描绘重点在于选用弧线（含实线与虚线）及着点。按其年轮痕迹和明暗关系酌情选用实或虚的弧线。详见图九六所示。

（四）棉、毛、麻及丝织品：一般而言，这类物品主要着力刻画其图案花纹的造型特征及其组织结构，棉、毛、麻类用线描绘应注意轻柔，表示其质感。而棉、缎、罗、绮等丝织品，尽管图案花纹特点各异，但从工艺制作上看都是由色经色纬提花织成，所以在描绘上喜用疏密不等的平行线表示其纹饰的造型特征和色彩的异同，过繁者设图例加以说明。而对那些在锦缎面上的绣花图案，一般采用双勾法显示纹饰，不表示其明暗关系。详见图九七所示。

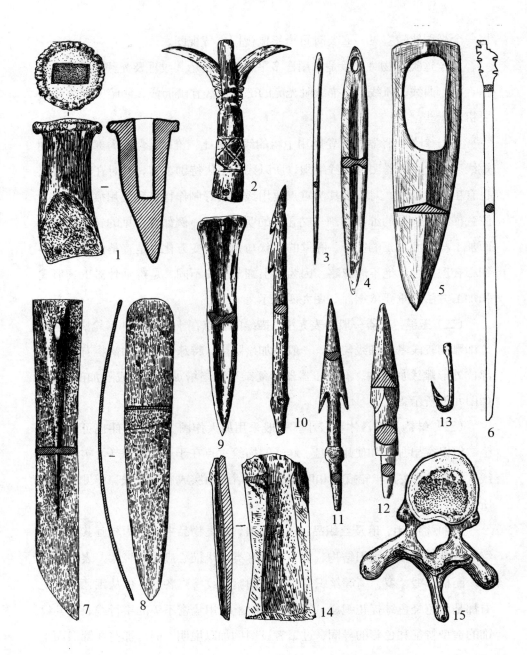

图九四 骨器视图及描绘
1.鹿角铲 2.獐牙勾形器 3.骨针 4.骨梭 5.骨矛 6.骨笄 7.骨刀 8.骨匕 9.骨锥 10.骨鱼镖 11.骨鱼叉 12.骨镞 13.骨鱼钓 14.骨斧形器 15.椎骨

图九五 玉器视图及描绘

1.玉龙形饰 2.玉兽形饰 3.玉牛头 4.5.玉鱼 6.玉鸟 7.玉兔 8.玉鸟 9.玉象 10.玉虎 11.玉匕
12.汉代山河纹玉璧 13.战国时代龙纹玉璧

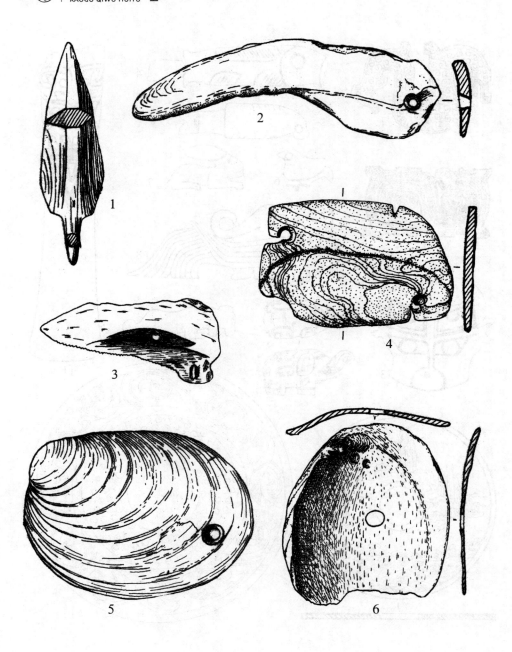

图九六 蚌器视图及描绘
1.蚌镞 2.3.蚌镰 4.带有加工遗痕的蚌壳片形 5.带镂孔的蚌壳 6.带镂孔的蚌铲

第四章 ◎ 各类器物的具体绘制方法

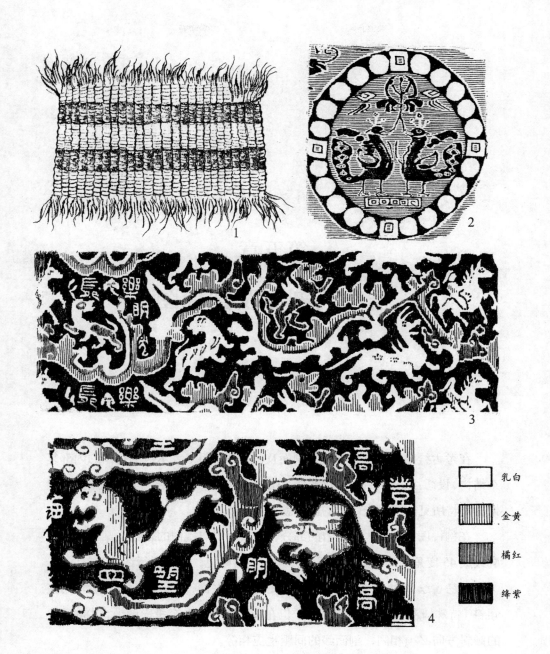

图九七 毛、麻和丝织品纹饰的描绘
1.毛麻织物 2.连球对孔雀纹饰 3.绛地长乐明光锦 4.登高望四海锦

第五章

器物的剖面及剖视图

在考古绘图工作中经常使用剖面及剖视图，用来表示被画物体的内部复杂结构。设想用一个平面剖切物体，该剖面与物体相交的部分就称为剖面。根据剖面将所见内部构造画出的图形就称为剖视图。

在剖视图上，物体被剖着的部分，必须画出与视图的轴线或某一主要轮廓线成45度角的等距离平行线，作为剖面的标记，这些平行线称为剖面线。

在考古绘图中，一般剖面及剖视图均放在左面，所以剖面线一般均向左倾斜（特殊情况也可以向右倾斜）。但在同一器物的各个投影图上，其剖面线的倾斜方向必须相同，剖面线的间距也应相等。

下面就考古器物绘图中，可能遇到的各种剖面和相关剖面的一些问题分类叙述如下。

一、全剖面

假设将某一空间物体剖切前半面,而画出该物体后半面全部剖切状况的视图,即称全剖面。详见图九八和图九九所示。

例如图九八(1)为带提梁的异形罐,(2)为彩绘双连壶。两件器物仅从外形轮廓看都是腹部粘连,大同小异,其内部造型结构则迥然不同。异形罐两罐之间有内壁相隔,而彩绘双连壶内壁之间却留孔相通。欲揭示该种器物的内外结构特征,选用全剖面视图最适宜。

二、半剖面

半剖面:假设将某一空间物体剖切四分之一,即得到半剖面。用半剖面可以看见对称物体的一半外部的形状。半剖面在考古图中应用最为普遍。

如图一〇〇和图一〇一所示器物图,都是各具典型特征的示例。诸如卷沿平底盆、双唇鼓腹平底彩陶罐、敞口盲耳盆、平唇鼓底罐、高领鼓腹铺首衔环壶和小口垂肩异形缸等。

其中图一〇〇(4)为新石器时代晚期于石峡遗址出土的白陶鼎,盛食物用。子口微敞,束颈,削肩,腹扁圆,圜底,连裆梯形足,足上各有三个孔,上二下一呈倒三角形组合,盖作复豆式,喇叭形盖钮穿三孔,是一件少见的珍品器物,该器采用两足朝前摆放,右足正面观,左足侧面观。采用半剖面形式,充分合理地将其内外形体结构特征给予表达。

图一〇一(3)乳钉纹铜壶。其壶口部和圈足上段饰鎏金宽带纹,肩、腹和圈足下段饰鎏银宽带纹。在颈、腹部宽带纹间作鎏金方格纹,方格纹交叉点上镶银乳钉,方格纹中填嵌绿琉璃,琉璃上划出小方格和圆点。铺首鎏金。盖缘饰鎏金宽带纹,盖面上做方格纹,镶银乳钉,填嵌绿琉璃如同壶身。鎏金的卷云状钮上,亦填嵌绿琉璃。全壶彩色缤纷,庄重大方。该器采用半剖面完

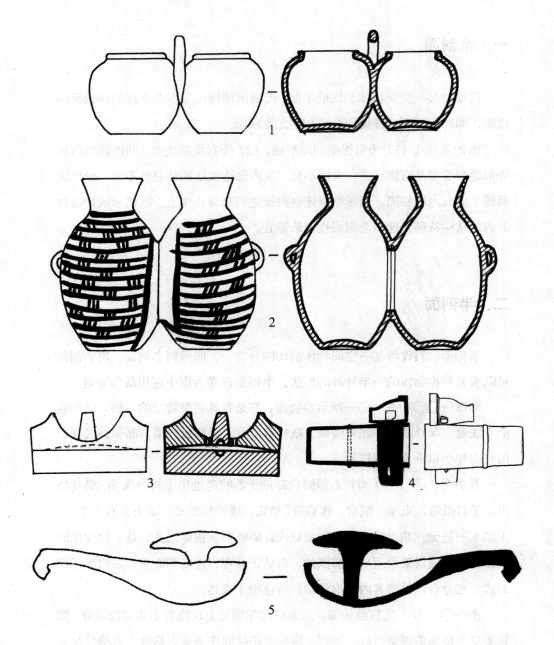

图九八 器物的全剖面图例之一
1.异形罐 2.彩绘双连壶 3.石磨盘 4.铜车害 5.铜带钩

第五章 ◎ 器物的剖面及剖视图

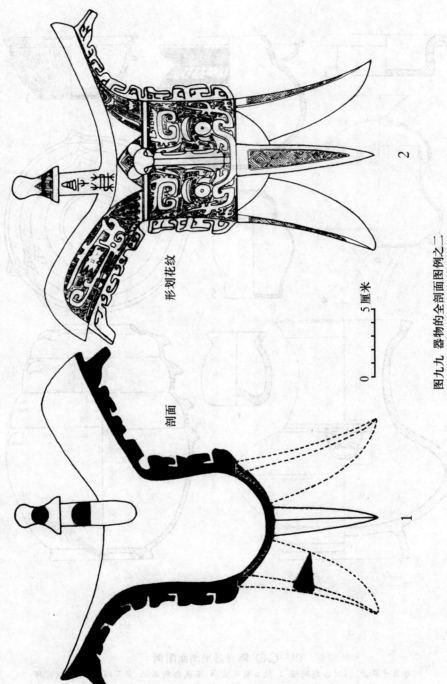

图九九 器物的全剖面图图例之二
1. 铜尊全剖面视图 2. 铜尊正面形划花纹视图

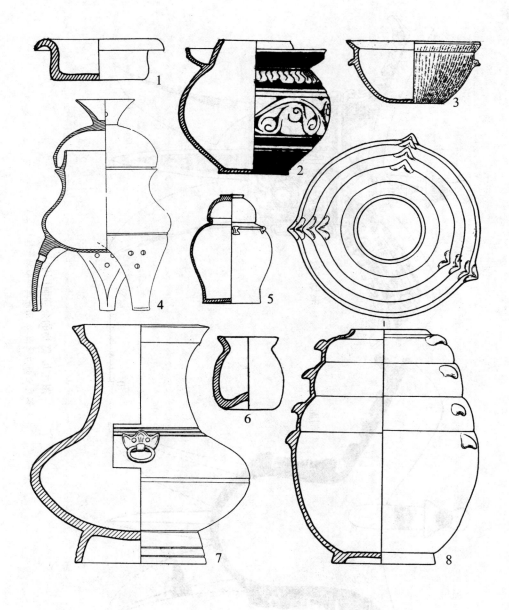

图一〇〇 陶瓷器半剖面图例

1.卷沿平底盆 2.双唇彩陶坛 3.敞口盲耳盆 4.带盖白陶鼎 5.带耳罐 6.平唇鼓底罐
7.铺首衔环壶 8.小口圈足异形罐

第五章 ◎ 器物的剖面及剖视图

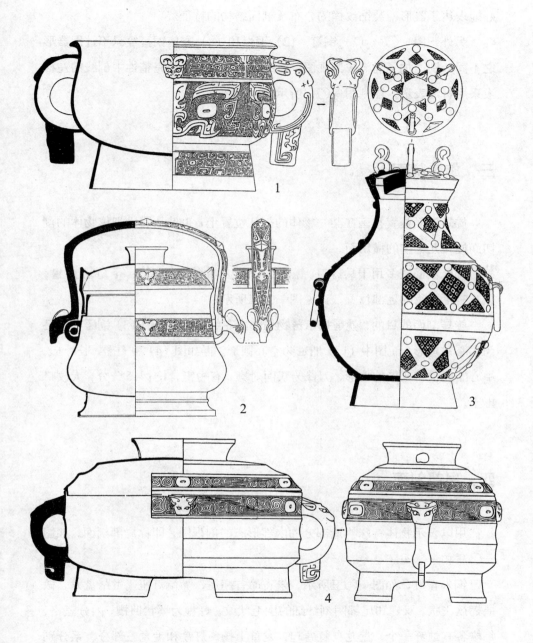

图一〇一 铜器半剖面图例
1.兽耳高圈足铜簋 2.带盖提梁铜卣 3.乳丁纹铜壶 4.带盖方座铜簋

好地表达了器形、装饰纹样的分布及剖面结构的特征。

另外，图一〇一（1）铜簋、（2）铜卣和（4）方座铜簋等只不过因器形之不同分别增加了局部或侧视图。为保持花纹及兽头的完整性中剖线向左移或采用折线表示。详见图一〇一所示。

三、旋转剖面

旋转剖面是直接画在某一物体的剖切位置上，也就是假设把该物体的剖切面旋转九十度的横切面。

旋转剖面较多用于兵器刀、镞、剑、戈，小件骨器针、簪、笄、鱼钩、镖，以及三足器物的足部位置。详见图一〇二所示。

旋转剖面的目的，就是揭示器物局部内在结构。如图中（3）铜爵杯之足为实心三角形。而图中（13）鼎足为空心圆形。再如图（4）中石矛，长叶形，中心断面呈带双棱的梭形，刀锋为双面对磨，有短铤，长14.5公分，大汶口出土。

四、局部剖面

用以表示物体特殊构造部分的内部形态的剖视图，即称局部剖面。如图一〇三和一〇四。

铜朱雀灯，如图一〇三所示。朱雀昂首翘尾，嘴衔灯座，足踏盘龙，做展翅欲飞状。双翅和尾部阴刻纤细的羽毛状纹。灯盘为环状凹槽，内分三格，每格各有烛钎一个。盘龙身躯卷起，龙首上扬。灯盘和盘龙三部分，系分别铸成后再接触铸压在一起的。此灯造型形象优美而又厚重，平稳。为保持器形的完美性，采用局部剖面对灯盘特殊构造的内部形态给予表示是正确合理

第五章 ◎ 器物的剖面及剖视图

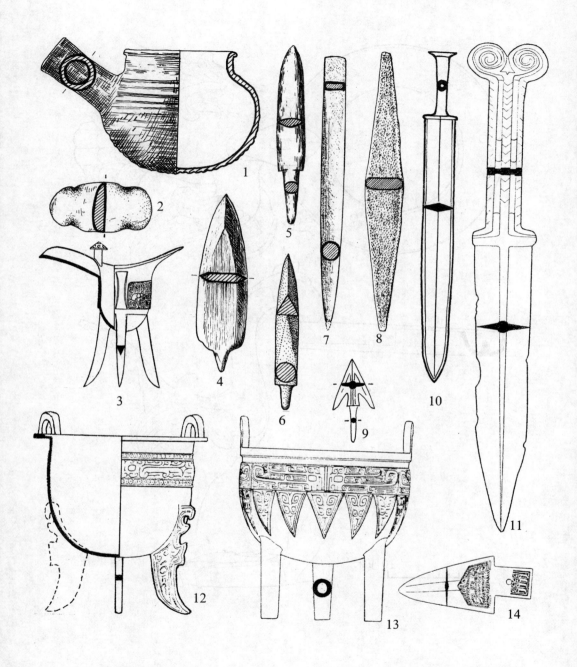

图一〇二 器物旋转剖面图例
1.陶壶 2.陶网坠 3.铜爵杯 4.石矛 5.骨镞 6.石镞 7.骨簪 8.骨错 9.铜镞 10.铜匕 11.铜剑 12.13.铜三足鼎 14.铜戈

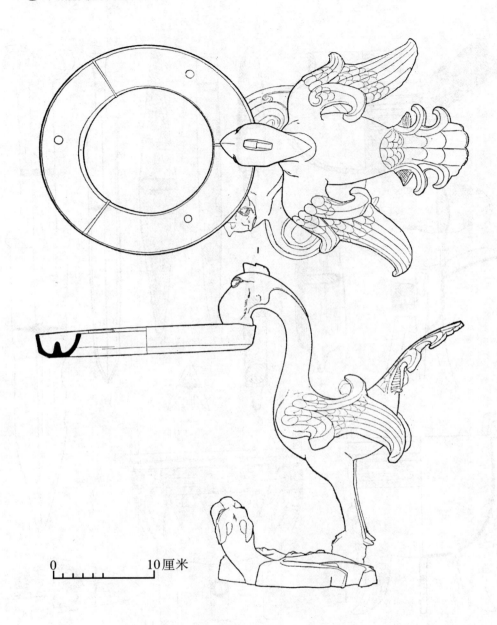

图一〇三 铜朱雀灯局部剖面图例

第五章 ◎ 器物的剖面及剖视图

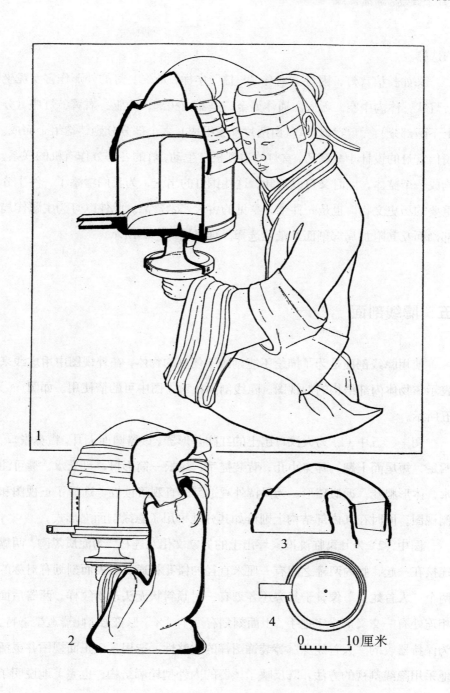

图一〇四 铜长信宫灯局部剖面图例
1.灯剖视 2.人体剖视 3.右臂剖视 4.灯盘俯视

· 149 ·

的选择。

又如长信宫灯，因灯上刻有"长信"字样，故名。灯的外形作宫女跪坐持灯状，体内中空，无底。通体鎏金。全器由头部、身躯、右臂、灯座（分上下两部分）、灯盘和灯罩（由两片屏板组成）六个部分分别铸造组合而成。长信宫灯的设计十分精巧，宫灯的造型极其生动，灯的各部分作有机的联系，构成一个整体，同时又可以拆卸。这件铜灯的出土，为我们增添了一件十分重要的历史文物，也是一件十分罕见的古代艺术珍品。此件以灯为主题作局部剖面及其附加局部剖面是最佳选择。详见图一〇四所示。

五、隐线剖面

使用隐线剖面是为了描绘不能剖或不便剖的物体，在外视图中用虚线来表示该物体内部结构的剖视图。隐线剖面在考古图中可酌情使用。如图一〇五所示。

图一〇五中（1）为大汶口出土的红陶兽形器。该器圆面大耳，横鼻张口，四足，短尾而上翘，耳穿小孔，背装提手，尾根一筒形口，可受水，嘴可注水，体形肥壮，近似猪形。为保持外观造型的直观可读性，选择了正视图和侧视图。同时在其内部结构上则恰如其分地采用了隐线剖面之形式。

图中（2）为甘肃临洮冯家坪出土的齐家文化双连杯，为泥质黑陶，两罐连接在一起，腹内两罐之间有一厘米直径的镂孔相通。器表面刻划有对称的两个"人首蛇身"像，于其旁还各划有一对倾斜状无头动物纹样。两器后面相连处有一交叉形十字把手，上面刻划有一个"×"形符号。此器造型奇特，为保持器表的"人首蛇身"等装饰图样的完整性，选用一个正面视图并灵活地采用隐线剖视的方法，既反映了该器的内外型轮廓结构，也完美地说明了图样在体表的分布。

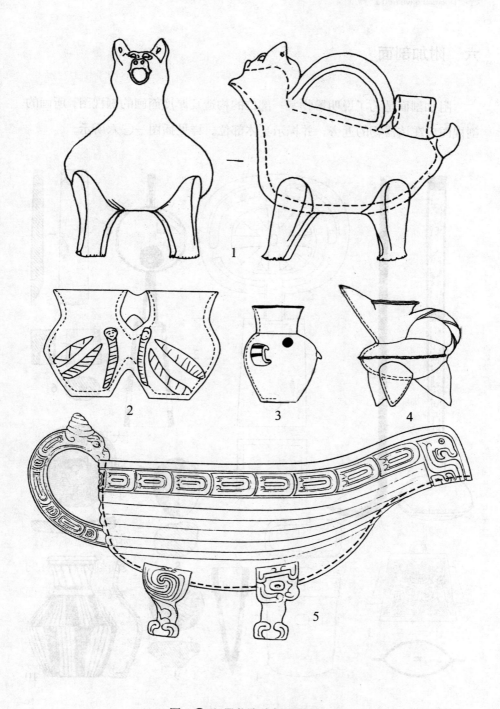

图一〇五 器物隐线剖面图例
1.兽形器 2.双连杯 3.陶背壶 4.陶鬶 5.铜匜

六、附加剖面

附加剖面是为了说明器物某一部位的构造及厚度而画的剖视图,所画的剖视图应在该器物的近旁,并标示具体部位。详见插图一○六所示。

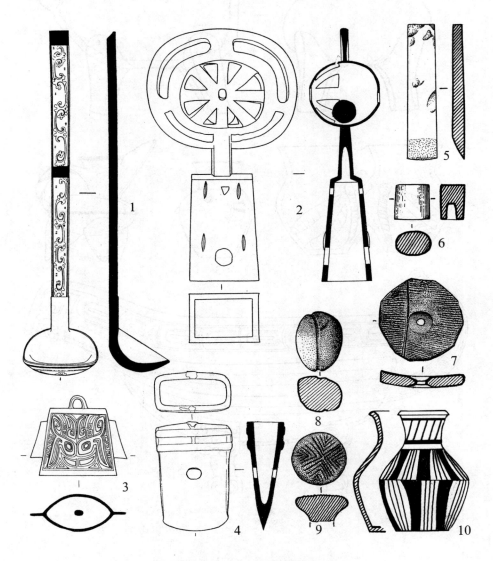

图一○六 器物附加剖面图例
1.铜勺 2.铜銮 3.铜铃 4.铜斧 5.石锛 6.骨器 7.陶纺轮 8.网坠 9.陶拍子 10.彩陶罐

七、详细剖面

详细剖面与旋转剖面极为相似，但不画在同一视图之中，而画在其邻近部位。这种视图能把器物各部分的旋转剖面同时表示出来，但须在外视图上绘出各剖切面的位置。若在各部位上和它的剖切面上标以相同的字母，会更加一目了然。如图一〇七所示。

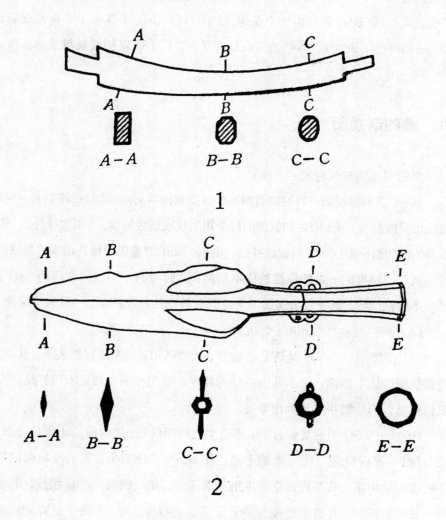

图一〇七　器物详细剖面图例
1.原木车辕条　2.铜矛

八、鬲的剖视图

鬲的造型特殊，它的最大外形轮廓线呈向前倾斜的曲线，所以在鬲的正视图中作半剖面最为适宜，这样剖切方法能把鬲裆恰当地表示出来。在鬲的剖视图中不画裆线是错误的，如果将裆线画过了头与剖切线相接触也是错误的，只有留一个壁厚才是正确的。鬲裆线的消失点一定要在中间一足的外形轮廓线延长线以内，并相距一个壁厚。如图一〇八所示。其中（4）鬲裆漏画，（5）鬲裆画过了头，（6）鬲裆消失点画高了。（7）、（8）鬲裆线画得正确合理。

九、鼎的剖视图

鼎的剖视图有两种表示方法：

其一，鼎的剖视图一般习惯将两足朝前摆放作半剖面，此时必将剖去一足，盖钮也将被剖去，剖去的足和盖钮的部分用实线或虚线补绘。若用实线补绘，凡压着的剖切面应留白；若用虚线补绘，则剖切面的厚度仍保留其填实的墨线。

其二，将鼎的一足朝前摆放作半剖面，此时可将中剖线向左移动，使三足均不被剖切掉。此种方法仅适用于足部有装饰性花纹的鼎，一般的不采用。

以上两种表示方法如图一〇九和一一〇（1）、（2）所示。

另外，图一一〇（3）为四足方座鼎。该器选用正、侧两视图表示。其中，在正视图中作半剖面，揭示其内部结构特征，被剖掉的左前足不用补绘，只要将可见到的后足用实线画出即可。

图一一〇（4）为三足铜匜。该器造型独特而优美。流向前突出作鸟首形，而与流相对的后方有一鋬，鋬的上端也作鸟首形。欲表示该器的流与鋬的具体特征，采用正、背两视图都作半剖面最适宜。正视图两足朝前摆放，背视图一足朝前摆放，并将中剖线左移至流与鋬上的鸟首形左侧处。这样处理就简而明地反映了其内外形体结构及纹饰的组织与分布等主要问题。

第五章 ◎ 器物的剖面及剖视图

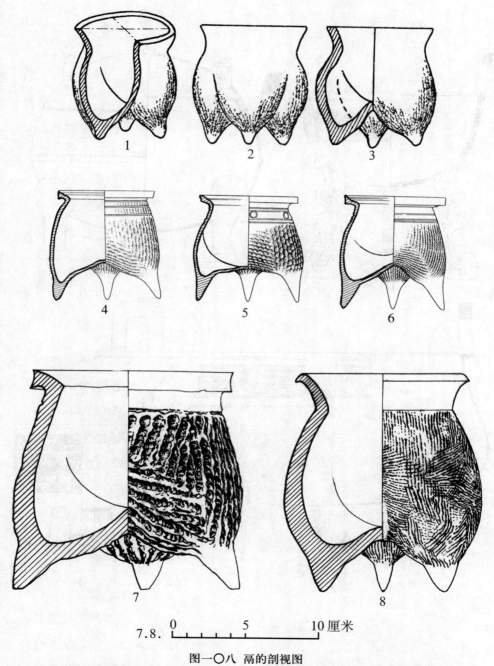

图一〇八 鬲的剖视图

1.鬲的剖视直观图 2.鬲的背视图 3.鬲的正视图 4.鬲的剖面内裆线漏画 5.鬲的剖面内裆线画过了头与剖切线相接触 6.鬲的剖面内裆线消失点不在相应坐标上 7.粗绳纹陶鬲正视图 8.交错细绳纹陶鬲正视图

· 155 ·

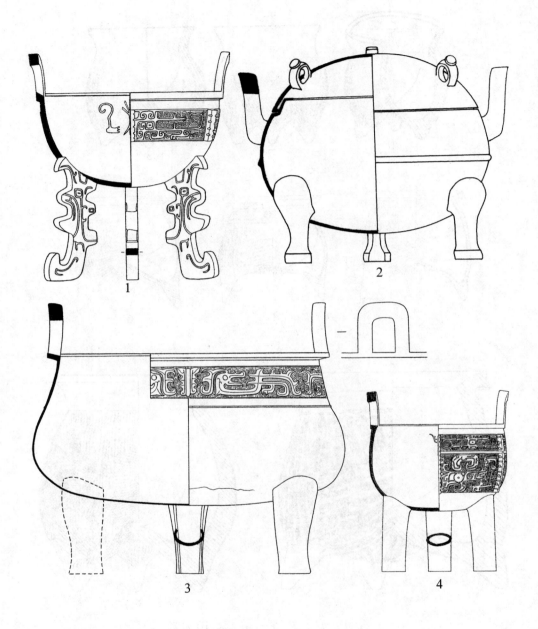

图一〇九 鼎的剖视图及其表示之一

1.2.4.用实线补绘被剖掉的鼎足及盖钮 3.用虚线补绘被剖掉的鼎足等

第五章 ◎ 器物的剖面及剖视图

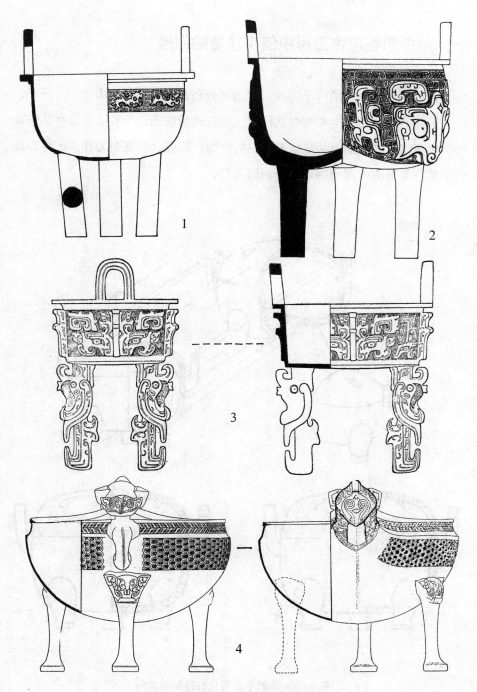

图一一〇 鼎的剖视图及其表示之二
1.菱纹铜鼎的正视图 2.分档铜鼎的剖视图 3.四足铜方座鼎的正、侧视图
4.三足铜匜的正、背两视剖面图

十、剖视图在考古应用中值得注意的问题

器物剖视图中包括两个部分，剖切部分和剖视部分。如图一一一所示。

器物的剖视图一定要根据具体情况进行选择应用。一般而言，对某些器物，为要同时表现剖面和器身表面上的纹饰，则应以半剖面为好；凡要着重表示某些器形的内部结构则以全剖面为好。

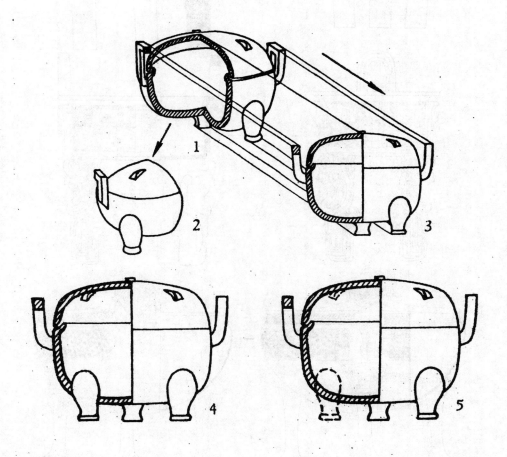

图一一一 陶鼎半剖视分解投影示意图

1.陶鼎剖视部分直观示意 2.剖切掉的左前四分之一 3.正投影部分 4.根据正投影图用实线补绘剖掉的足与钮 5.用虚线补绘剖掉的足与钮

器物是采用剖视图还是侧视图也要酌情而定,例如有一件带孔的石镰刀,磨制,体较窄长呈矩形,正中间有对钻单孔一个。正面孔外有七个凹坑环绕,背面也有十六个凹坑,以孔为中心向四隅以放射状排列组合,每行四凹坑。为表示其制作特点,除正视和背视图外,采用附加剖面为好。在有孔的部位剖切,并置于正视图与背视图之间,这样既能说明钻孔的结构,同时又反映了双面磨刃的特征,使人一目了然。详见图一一二(1)所示。

图一一二(2)所示,是一件车马饰物件铜带卡扣。卡头为半圆形。卡头和卡针由一穿钉与长方形卡板体结连,板体上有四个穿孔,并置卯钉。板体尾部也有一小孔。此铜卡扣除选用正、侧、背三视图说明体表形态外,欲表现其局部特征,以利用旋转剖面揭示卡头、卡针和卡板体的内部结构最为适宜。

图一一二(3)所示为碓。由支架、隔板、踏碓和臼缸等部件组合而成。这件生产工具,选用全剖面表示为最好。

另外,有一件人像彩陶罐,泥质红陶,质地细致,侈口短颈,深腹平底。黑彩绘,口侧绘一宽带纹,肩部饰五道平行条纹。在肩部浮塑一完整人首,雕塑出眼、口、鼻等器官。头顶上塑有半圆形发髻,中间穿孔,当是插发笄的。在头部下面用黑彩画出人的躯体及四肢,两手掌还勾画出手指。颈部两侧各画一"⊕"形符号,头部两侧面画带有齿边的羽毛纹,左右遥相对应。人身躯左侧面画纵行齿带纹,右侧遍饰十字纹。腹部中央绘一树枝纹,背面画纵形排列整齐的波浪纹。器形完整。该陶罐整个塑画似富有神秘的宗教色彩,推测该人像可能象征氏族中具有某种特殊身份或属于巫师一类的人物。这是一件罕见的制造精湛、艺术水平高超的瑰宝。为保持人像彩陶罐体表纹饰的完整性,采用附加剖面表示为最佳形式。如图一一二(10)所示。

一般而言,骨针、骨簪等小件器物选用旋转剖面比较多;而磨制生产工具如石刀、石斧、纺轮等采用附加剖面则相当普遍。规整的器物如铜敦、铜鼎等适合选用半剖面,特别是利用半剖面图可以充分揭示鬲裆的高与矮,曲与直的变化特征。详见图一一二所示。

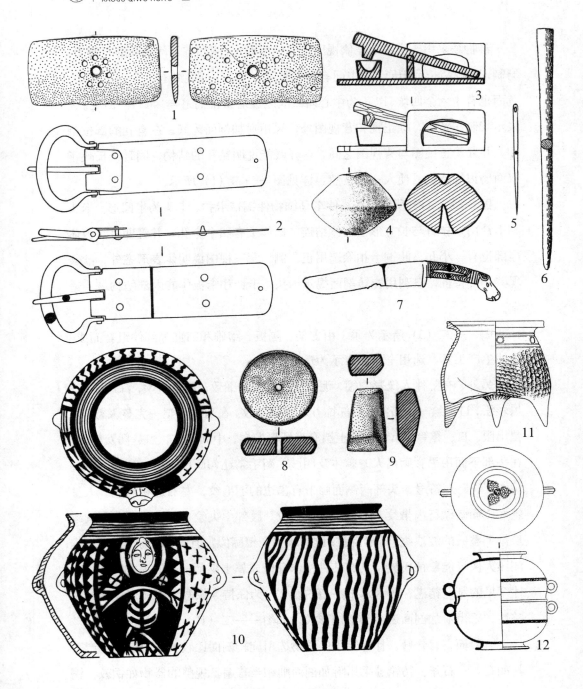

图一一二 器物剖视图的选用
1.石镰刀 2.铜带卡 3.碓 4.陶纺轮 5.骨针 6.骨簪 7.铜刀 8.石纺轮 9.石斧 10.人像彩陶罐 11.陶鬲 12.铜敦

总之，在剖视部分内，有制作痕迹和彩绘花纹等特征时就要如实进行表示，绝不能遗漏。剖面形状及其结构关系，必须按剖口的形状描绘。剖视图与正视图的关系必须符合正投影原理。

同时要注意在剖面图中用线的问题：

A．剖面轮廓线（即历程线）用粗实线表示。

B．未剖切的轮廓线用细实线表示。

C．剖面轮廓线内，陶器和瓷器等填充向左倾斜的45度平行线；铜器和铁器等则填充墨色以区别质料的不同，特殊情况例外。

D．剖面内的填充线，其间距可依剖面的大小、宽窄酌情决定。基本原则是不能太疏，也不能太密。如图一一三所示。

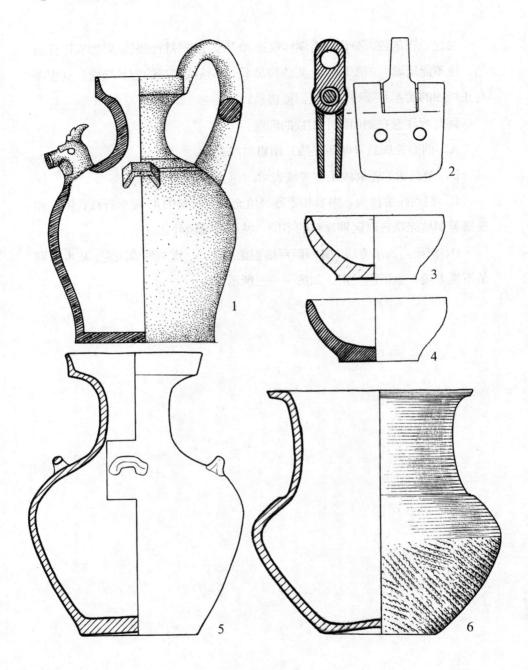

图一一三 剖面填充线的选用
1.瓷壶剖面内填充线间距不规则 2.合页活动构件剖面内填充线可对置表示 3.碗剖面内填充线过疏
4.碗剖面内填充线过密 5.6.陶器剖面内填充线间距适宜

第六章

器物的缩放

在考古绘图工作中，由于出土的物体多种多样，大小又千差万别，不可能都按原来的尺寸画在图纸上，所以，就要根据实际工作的需要对器物进行缩放。缩放的方法有以下几种。

一、设格缩放

首先在原器物图上按一定的尺寸画好各边均相等的正方形格子，然后按一定的比例关系将这些格子移置到我们要缩放的纸面上，根据原图的位置在缩放的格子上标出器物的特征控制点，按点对照原图以写生的方法连线即可。这种方法简单易行，常被人们使用。如图一一四所示。

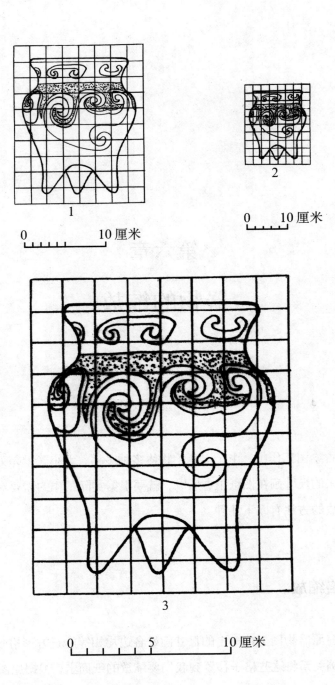

图一一四 设格缩放器物示意图
1.设定为原陶鼎的正面视图 2.设格缩小为原图的二分之一 3.设格放大为原图的一倍

二、射线法缩放

　　如图一一五所示，设P点为射线原点，从P点向原器物各特征点A、B、C、D各点引射线，然后在射线与原器物各特征点的二分之一处（按比例1∶2）找到其相应诸点a、b、c、d，最后参照原器物图形的曲直变化用写生的方法连线，即可得到缩小的图形。这种方法不需要什么仪器设备，比较方便。也可将原点P设在器内中心，复用同法缩或放器形。

三、缩放尺及光学仪器缩放

　　缩放尺缩放及光学仪器投影缩放，一般均比较准确，但都需要有一定的设备。在此不做叙述。

　　在器物图的缩放之中，必须注明所用比例尺。注法有二种，其一用分数，如1/2、1/3、1/5等；其二用比数，如1∶2、1∶3、1∶5等。它们的实际意思是图上的尺寸比实际的尺寸。如一个器物的口径为10公分，图上画的尺寸为5公分，该图的比例应该是5公分比10公分，也就是1∶2（或用分数表示为1/2）。反之，则是2∶1，即图比原器物放大了整整一倍。

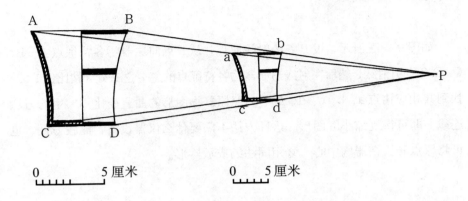
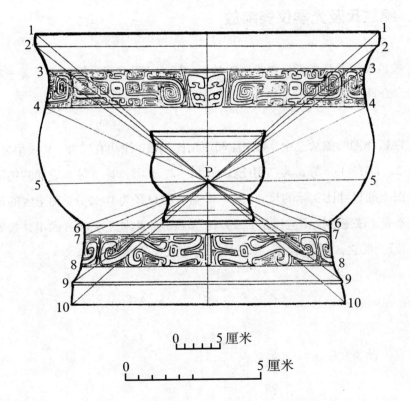

图一一五 采用射线法缩放器物示意图
1.彩陶杯（按比例1∶2示意缩放图） 2.铜簋（按比例1∶3示意缩放图）

第七章

器物的光线处理

　　首先要说明的一点是，考古器物图成功与否，关键是器物图的外形轮廓线画得是否正确、合理、精细。因而在描绘器物图时，要进行认真的检查、校对，直到满意为止。

　　画完器物轮廓线之后，在绘制器物细部时，就有一个光线的处理问题。通常我们绘制古器物时所采用的光线，以器物左上方45度的缓和光线为多。然后再以适度的手段增加古器物的立体感。

　　以下简要介绍几种常用方法。

一、用点描绘光线

质料比较细腻的器物以及比较缓和的曲面，宜用细点描绘。明亮的部分着点宜稀，阴暗的部分着点宜密。例如绘制磨制石器、素面陶器等。着点大小要均匀，明暗要真实得当，切不可随心所欲乱点。

对粗面的石器等，可采用粗、细点相结合进行描绘。

总之，采用着点法、比较费工费时，因而比较简单的器物图，一般不用此法。如果采用，则应聚精会神加以描绘。如图一一六所示。

二、用线描绘光线

在古器物的描绘中，借用线条的粗与细、疏与密来表示光线的明暗关系是极普遍的。由于古器物的质地不同，所以用线的方法也就不同，有软线与硬线之分。软线常用于棉、麻、毛纤维织物，硬线常用于石器、铜器、骨器和部分陶器等，尤其打制石器及其使用痕迹，就必须用流利的线条加以表示。线描力求生动有力。如图一一七所示。

三、用点与线结合描绘光线

这种方法把点和线同时运用于描绘同一古器物，能使器物的特征更加突出，曲度明晰。此法大多用于描绘骨骼、石器及有划纹的陶器，酌情使用可增加器物的立体感。如图一一八和一一九所示。

第七章 ◎ 器物的光线处理

图一一六 用点描绘光线图例
1.石铲 2.陶拍子 3.石镰 4.石纺轮 5.石杵臼 6.瓷碗 7.青瓷砚 8.鸟形器皿 9.陶龟

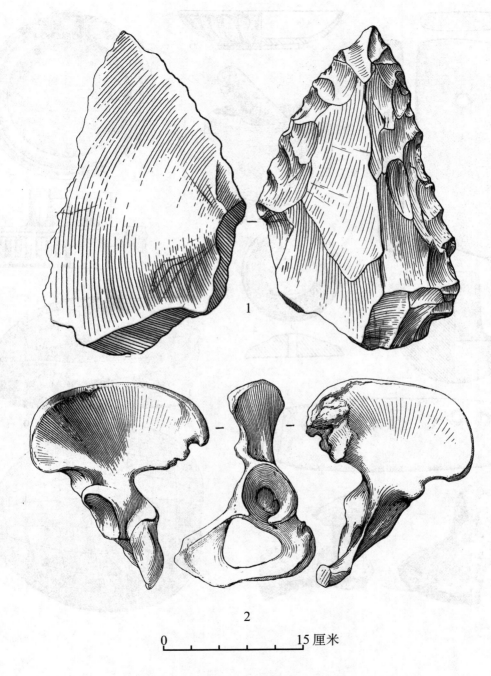

图一一七 用线描绘光线图例
1.打制石器图 2.骨骼线描图

第七章 ◎ 器物的光线处理

图一一八 用点与线结合描绘光线图例
1.陶鹗尊 2.打制尖状石器

图一一九 用点与线描绘新郑出土的铜立鹤方壶

四、用渲染方法描绘光线

用墨的浓淡来渲染光线,这种方法绘制简单,效果亦比较调和而美观。但它需要一定的绘画基础。因而这种方法在考古绘图中很少使用。

五、用彩色描绘光线

用彩色描绘光线,要依器物上颜色的需要而定,通常为器物的本色。如彩绘陶、彩陶和漆器等,可用彩色表示其花纹。这种方法多用于展览会。

第八章

曲面的展开与近似展开

一、概述

在画法几何学里，把面看作是某一条线在空间运动时陆续所占的一切位置集合而成的。这种关于面的概念使我们易于绘制图形。

把空间物体的表面，按照其实际形状画在面上，称为立体的表面展开，展开后所得到的图形，称为该物体的立体表面展开图。

产生面的线，当它处于面上任一位置时均可叫做母线，母线可以是直线，也可以是曲线。

由直线运动而成的面叫做直纹面，只有曲线才可以作为其母线的面叫做非直纹面。

如图一二〇（1）所示，曲面的母线是一直线Z，一母线运动时恒与直线

第八章 ◎ 曲面的展开与近似展开

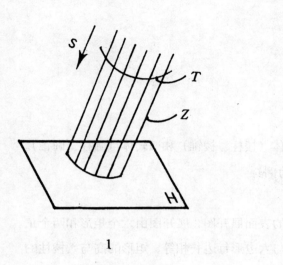 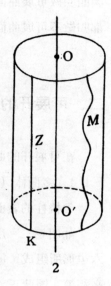

图一二〇 表面展开形成的基本要素
1. 表面展开的基本要素为母线"Z",导线"T"
2. 展开面线可以是"Z"直线,也可以是"M"曲线

S平行,并沿固定的导线T滑动。

直纹面可以柱面、锥面为例,非直纹面可以球面为例。

同一个面可由不同的线运动而成,而这些线运动时所遵循的条件也各不相同。如图一二〇(2)所示为一圆柱体。可以看作由直线母线Z运动所生成;亦可看作以圆周K为母线,沿着过圆周中心的轴线运动所产生的;还可以设想柱面是由曲线M绕OO'轴旋转而产生的(M线上各点距轴OO'均相等)。

总之,任何一个面的形成方式都可以有数种,在各种不同的形成方式之中,应选择制图时最简便的一种方法。

如直纹面的相邻二母线为互相平行或相交,则此曲面可以展开成一平面,

因而叫做可展曲面，如柱面和锥面。非直纹曲面和不能展成平面的直纹曲面都叫做不可展曲面。

二、可展开的曲面

在可展开的曲面里包括多面体（棱柱、棱锥）和回转体（圆柱、圆锥）。

1. 多面体（以棱柱、棱锥为例）

①棱柱的表面展开

如图一二一所示，是六棱柱的表面展开图，展开图由六个矩形和两个正六边形所组成，每个矩形的横长与六边形每边长相等，矩形的高与六棱柱的高相等。因此正n棱柱的展开图就是n个矩形和两个n边形所组成的图形。

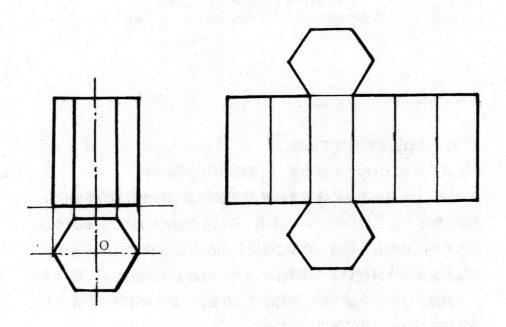

图一二一 六棱柱体表面展开示意图

展开在一平面上画出的物体表面,从正视投影面上可读取物体的实际高度或长度,从俯视投影面上可读取物体的宽度与厚度。

②棱锥的表面展开

如图一二二所示,是四棱锥体的表面展开图,展开图由四个等腰三角形和一个四边形所组成,三角形的腰即是棱锥锥线的长,三角形的底边是棱锥底面相应边的长,四边形是棱锥底面,因此,正n棱锥的表面展开图,就是由n个三角形和一个正n边形所组成的图形。

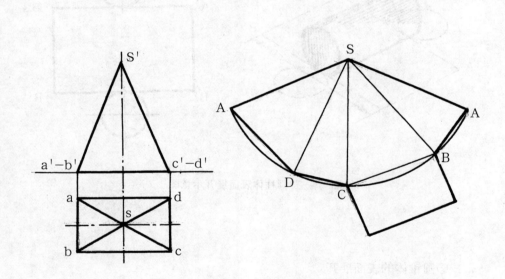

图一二二 四棱锥体表面展开示意图

2. 回转体（以圆柱和圆锥为例）

①圆柱的表面展开

圆柱面是指一直线运动时，平行于原有位置，且与已知曲线相交所产生的曲面。正圆柱的表面展开图由一个矩形和两个圆所组成，矩形的长度等于圆的周长，矩形的高即为圆柱的高。如图一二三所示。

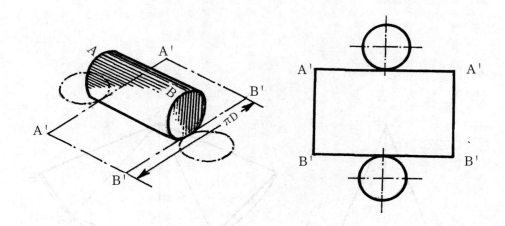

图一二三 圆柱体表面展开示意图

②圆锥体的表面展开

一直线绕其自身的一点转动且与已知曲面相交，所形成的曲面称锥面。正圆锥体的表面展开图为一个扇形与一个圆所组成的图形。扇形的弧长等于圆锥的底面圆的周长，其半径的大小等于圆锥体的母线长。

正圆锥体的展开方法比较多，下面简要介绍两种：

其一采用等分法，取正圆柱体底面投影，将其周长等分若干等分（1-n），现以十二等分为例，设等分点依次为1，2……12，以锥顶S为圆心，以圆锥体母线为半径画弧，然后再用两脚规截取底面圆周上的1-12之间的距离，于

第八章 ◎ 曲面的展开与近似展开

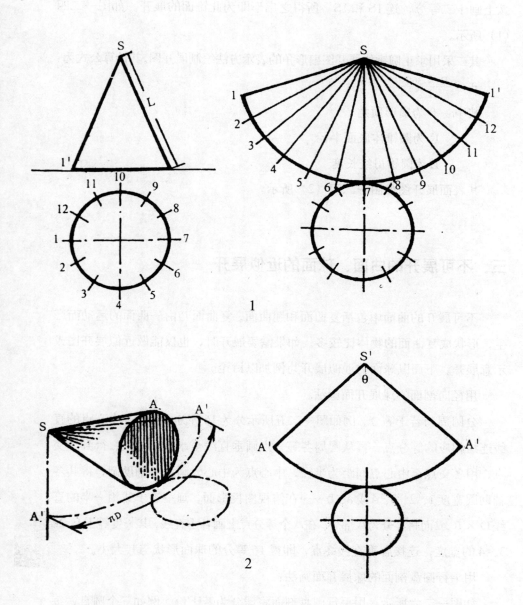

图一二四 圆锥体表面展开示意图
1.采用等分法对圆锥体进行展开示意图
2.采用求正圆锥体扇形角的方法进行展开示意图

弧上画十二等分，连1S和1S'所得之扇形即为此锥面的展开。如图一二四（1）所示。

其二采用求正圆锥体展开图扇形角的表示方法绘制展开图。其计算公式为：

$$\theta = \frac{R \times 360°}{L}$$

其中：θ为扇形顶角

R为圆锥体底面半径

L为圆锥母线长度

其表面展开图如图一二四（2）所示。

三、不可展开的曲面、球面的近似展开

不可展开的曲面中包括复曲面和翘曲面。复曲面乃由一曲面的运动而产生，形状成复曲面的物体比较多，如果需要展开时，也仅能做近似展开图或示意展开。下面以球面的近似展开为例加以讨论。

用径向剖面的球展开面画法：

分圆周为若干等分，例如图一二五所示分为16等分，以经过中心点的直线连结相应的等分点，再从圆周各等分点画垂直线至水平中心线，得到各交点，用各交点至中心点间距为半径，中心点为中心，画出各辅助圆，得其各辅助圆宽度1、2、3、4或a、b……在俯视图投影面，画一等于球用一半的直线$D \times \pi / 2$而将其分为八部分。在八个等分点上画各垂直线，其长度等于1、2、3、4的宽度，连接各垂直线终点，即得16等分的球面形状与其大小。

用平行圆盘剖面的球展开面画法：

如图一二六所示，用平行圆盘剖面将球分为若干份，例如三个圆盘，每个圆盘可视为钝头圆锥体。将其表面展开，每个球面圆盘须求出其相等的圆锥体，其边长为r1, r2, r3，而后将各钝头圆锥体展开，分解的球面愈多，则球展开面愈准确。

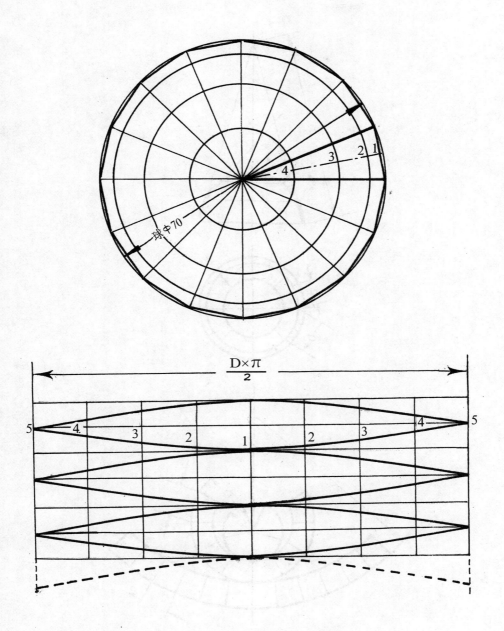

图一二五 用径向剖面的球展开面画法

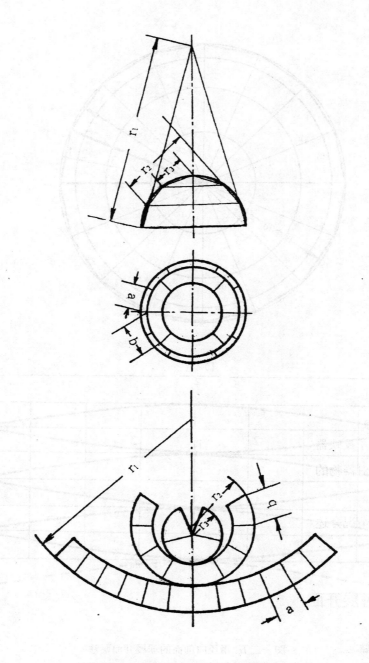

图一二六 用平行圆盘面的球展开面画法

第九章

器物花纹的展开

为了反映器物的图案、组织结构及其艺术风格,以供进一步的研究探讨,就需要对器物的花纹进行展开。这种展开图也必须根据可展开的曲面和不可展开的曲面两种情况,运用正投影原理进行绘制。器物花纹的展开也按以上的两种情况分述如下。

一、可展开面上花纹的画法

可展开面上花纹的画法比较多样,可以充分利用实际工作中的一切便利条件。花纹图案比较简单的就在明了纹饰组织关系和结构特点的基础上,采用两脚规或比例规分段确定若干控制点的方法进行测绘,而后以点连线写生

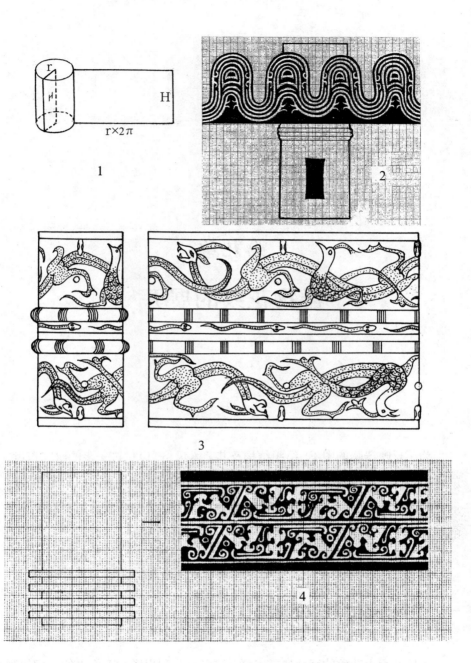

图一二七 可展开面上图案花纹的展开图例
1.圆柱体展开示意图 2.铜车饰花纹展开图 3.正圆柱体纹饰的展开图,实际上是该器壁面的展开图 4.错银车轴饰展开图

完成。比较复杂的单独纹饰或四方连续纹饰等，则可借助拓片拓写描绘。也可以按展开后的形状，剪一透明拷贝纸覆在器物上，进行直接勾勒描绘。另外也可采用方格网法凭网格临摹描绘等。

总之，在可展开面上的花纹图案，不论采用何种方法，其花纹图案应保持原来的特征和面貌，不得有任何投影变形。因此要求在摹绘中要测量得法，数据准确，反复修稿校对，直至精确完成。展开后的花纹视图的放置形式、展开幅度（全部或局部）均可酌情处理。如图一二七所示。

二、不可展开曲面上花纹的处理方法

在第八章讲到的不可展开曲面中，包括复曲面和翘曲面。形状为复曲面的器物是相当多的，这些器物上的花纹都不能如实展开，如图一二八所示。

对不可展开的曲面之花纹，如果需要展开只能做近似展开或示意展开。它们的展开方式可根据器物纹饰的具体内容决定。

例如有一瓷盘，圆唇，敞口，平底，矮圈足。盘底饰云龙纹，盘口内沿饰缠枝莲花一周。按正投影原理对其盘中花纹进行展开后，盘底云龙纹为实形。而近似展开的一周缠枝莲花则为断裂开的扇圆带形。如图一二九所示。

再如图中一三〇（1）所示，为宋代褐彩瓷罐照片。通高24厘米、口径9.4厘米、腹径19厘米、底径9.7厘米。此罐小口，直径，广肩，腹向下斜收为亚腰形，平底。腹部用直线隔成八格，格内相间题写吉语"金玉满堂"四个字并绘有写意菊花四朵（荷叶形盖，盖上绘卷草纹和莲花瓣纹）。将褐彩瓷罐中腰"金玉满堂"四个字和写意菊花四朵花纹带近似展开后为一长条矩形（此图比例为1∶6）。详见图中（2）所示。

另有褐彩花瓶，圆唇，小口，广肩，高身，深腹，圈足，肩上两侧各附双耳。器表用褐彩绘花纹，肩部和圈足是一周卷草纹，口沿附近及下腹部为一周覆莲和仰莲。腹部前后各绘有一枝独放、姿容娇娆、花叶舒展的牡丹花，

图一二八 不可展开的曲面器物举例
1.铜壶 2.铜觚 3.彩陶罐 4.蟠龙纹铜壶 5.彩陶罐

第九章 ◎ 器物花纹的展开

图一二九 瓷盘内花纹的展开及近似展开
盘底云龙纹为上视图，内口沿周边缠枝莲为近似展开图

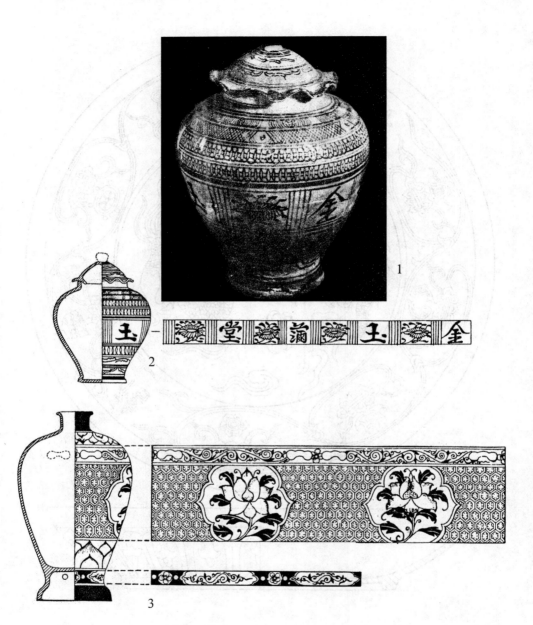

图一三〇 彩瓶花纹的近似展开

1.褐彩瓷罐照片（广东海康县出土） 2.褐彩瓷罐中腰吉语菊花纹带近似展开
3.褐彩瓶花纹的近似展开（广东深圳南头后海出土）

并以龟背绵纹作地纹相衬。花纹精致，造型美观大方。对其肩腹部和圈足面上花纹进行近似展开后，肩腹部花纹面为长方带形，圈足花纹面则是窄长带形。如图一三〇（3）所示。

遇有带状纹饰，如铜壶、铜敦及彩绘可分段展开。例如出土于四川成都百花潭的一件铜壶。器上装饰着当时社会生活上的纹样，主要有采桑纹、狩猎纹、水陆攻战纹、礼仪宴乐纹和动物纹等。这些纹样造型精致，栩栩如生，装饰艺术效果达到了极佳的程度。这样丰富多彩的内容图案置于铜壶体表，除盖顶为上视图外，其余部分可按照装饰花纹的五个层次分为五部分进行近似展开。这样展开后的花纹带更接近实形。详见图一三一所示。

带状纹饰的展开也可以采取另一种平行示意展开的方法。如图一三二所示。

图一三三所示的战国铜敦，近似于椭圆形，自上而下可分为八段纹饰，除上与下两个球形顶为上视图和底视图投影外，其余六段带条状纹饰都可按圆锥台面分别进行近似展开。

有些器物纹饰则可以采用分瓣展开方式。例如战国嵌镶狩猎纹铜壶。此壶腹由双重结钮绳索纹构成十二个方格，分为上下两层，每格之中都嵌镶着纯铜狩猎纹，其中有人物和禽兽等，形象十分生动优美。经过分瓣展开之后，其下层结钮绳索纹的两端就割裂开来，这正是不可展开面上花纹经过展开后发生的必然现象。这样处理比不割裂开更近乎于实体，变形较小。如图一三四所示。

在特殊情况下，还可以使用示意展开，这样展开只能反映器物纹饰的基本结构，而不能准确地表示该器物纹饰的本来面貌。原因是在硬性展开之后发生了较大的变形。例如近似球体的彩陶壶等，其纹饰展开后，除部分反映实形外，大部分彩绘纹饰线条被明显拉长，不这样处理也只能使线条割裂开来，而割裂开来更为失真。所以类似的示意展开图，也还能明显地反映纹饰的组织结构。详见图一三五所示。

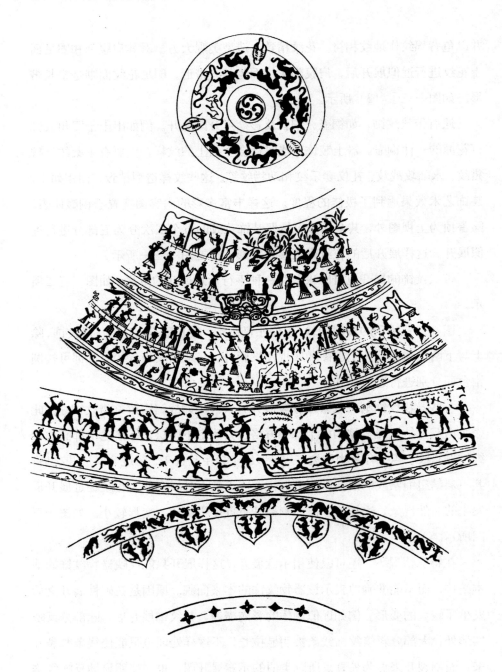

图一三一 战国时代铜壶图案分五段近似展开

第九章 ◎ 器物花纹的展开

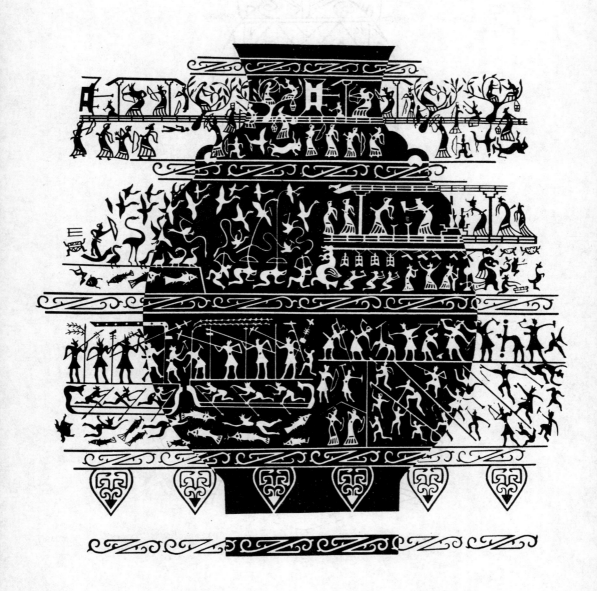

图一三二 战国时代铜壶图案平行示意展开

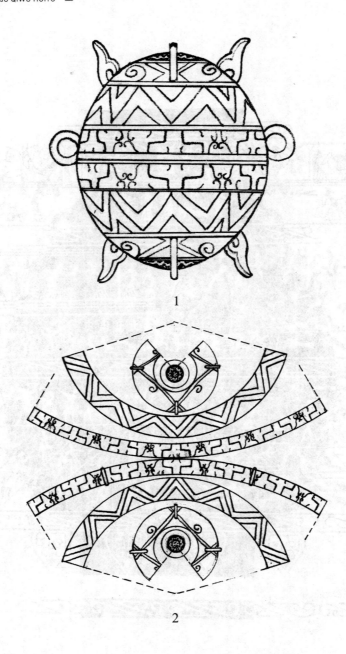

图一三三　战国时代铜敦图案分八段近似展开
1.铜敦的正面视图　2.铜敦图案分八段近似展开示意图

第九章 ◎ 器物花纹的展开

图一三四 嵌镶狩猎纹铜壶纹饰分瓣展开示意图
1.战国狩猎铜壶正面视图 2.嵌镶狩猎纹分瓣展开示意图

图一三五 器物纹饰结构的示意展开图例
1.彩陶壶纹展开后纹样变形较大，但能明显反映其组织结构
2.近圆形铜器纹饰展开后，纹样空间拉大，但结构明晰

第十章

插图的阅读与分析

阅读书刊上的插图,必须从对图进行分析开始,这样才能深入细致地观察,从而理解其中反映的问题。同时也可以发现其中的不足与错误。

分析考古报告的插图,主要从两个方面考虑,其一是正确性,其二是艺术性。

一、正确性

正确性是第一位的,因为考古发掘报告是科学的记录,是做综合性研究所依据的重要资料。如果在考古报告插图中产生错误,就必然会减弱报告的科学性。因此在分析考古发掘报告插图时要注意以下几方面的问题:

(一)投影概念问题

看图画得是否正确,是否合理,其主要标准是看它是否符合正投影原理。在考古插图中常常发现投影概念模糊的错误,这会造成同一器物视图之间的相应点不在投影位置上的错误,使器物两视图间投影关系不对等。这就给读者识图造成困难。

在考古器物插图中,经常见到此类错误,如图一三六所示。

图中(1),铜勺。铜勺两视图间投影关系极不一致,其侧面视图长度明显大于正面视图。

图中(2),镂孔陶甗。陶甗的正面视图之底径明显小于其底面视图直径。这种自相矛盾的错误是应该杜绝的。

图中(3),磨制石铲。石铲的镂孔,从其附加剖面图中可以了解到为两面钻孔,但是内孔结构显然画小了,与正视图投影不吻合。

图中(4),汉代玉璧。玉璧玉质晶莹洁白,璧的两面琢刻谷纹,缘周起棱,璧的上端有透雕双龙卷云纹附饰,纹样优美,造型生动,为汉代玉器中的珍品。玉器采用正视图和附加剖视图来表示其外观形态与结构特征。从整体看两视图比例是正确的,但在玉璧上端局部的一个透雕孔处出现了投影关系错误,造成孔的尺寸不符。

考古器物绘图是一件非常细微的工作,一定要从投影原则着眼,从细微处入手,否则就很容易造成一种器形变成了另一种器形的偏差。

另外,青铜器,尤其是鸟兽形器皿,本身就比较复杂多变,各种繁缛的装饰纹样与其器身造型巧妙地结合。绘制这种器物图更需要认真与耐心。首先造型特征的正确性、完整性是第一位的,视图之间的比例、投影要统一一致。否则线条画得再好,纹样描绘得再精巧也是徒劳的。

如图一三七所示,铜牺尊。造型奇特,纹饰巧妙融合于器身,是一件难得的珍品。但是该器用正视和侧视图描绘时,两图之间在高度上出现了差异,因此造成了视图投影的不统一、不一致、不吻合,使读者很费解。在考古插图中不具备科学性的图形都是不可采用的。

第十章 ◎ 插图的阅读与分析

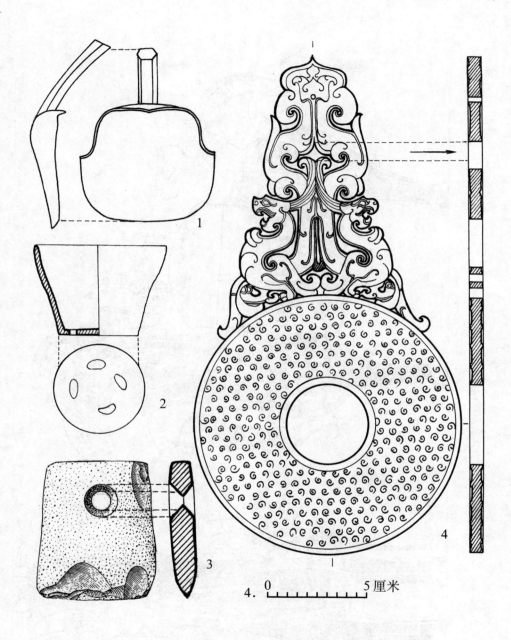

图一三六 器物视图间投影关系错误图例
1. 铜勺 2. 镂孔陶甑 3. 镂孔石铲 4. 双龙卷云纹玉璧

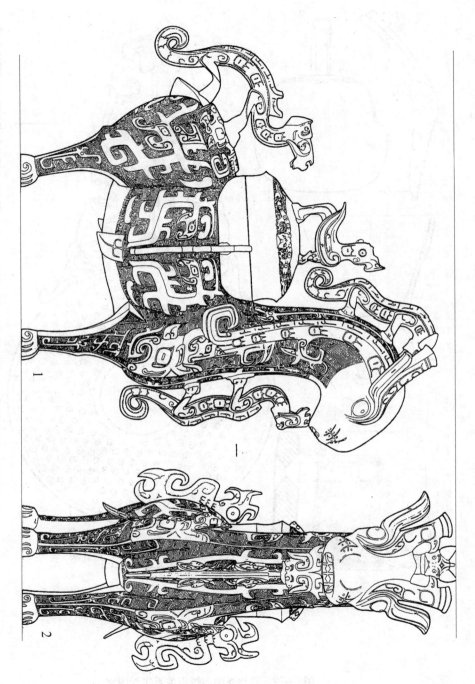

图一三七 铜牺尊两视图高度值不等图例
1. 正视图 2. 侧视图

（二）视图选择问题

考古学对图的要求是既正确又严谨，既不可遗漏又不可重复累赘。因此正确选择视图是合理表达的基础。

如图一三八（1），铜甬钟。是战国时代出土的乐器。甬作高筒形，上有绳索式的旋，口如月牙形，有十八个柱枚。正面鼓部由两钩连雷纹组成装饰图案，背面无纹饰。此器美观大方，铸造精致，是件珍品。在描绘时选用正视、侧视、背视、上视和底视共五个视图进行具体表示。其实该器采用正视、侧视和上视三个视图已经清楚地说明了形体结构特征。背视图和底视图显得重复多余，所以可以完全省略。

图中（2），蒜头扁壶。圆口作蒜头状，颈较短，腹扁平，平底，圈足较矮呈长方形，肩饰两个对称的铺首衔环，素面。原图选用正、侧、上、底四个视图。我们认为蒜头扁壶有正视图和侧视图就可以把问题表示明确了，上视图和底视图如同虚设，应该减掉。

图中（3），石盒。这是一件元代墓出土的十分规整且对称的葬具。石盒内大罐套小罐，小罐中装骨灰。该器原采用正视图和侧视图给予表示，其实采用一个正面视图足矣，右侧反映石盒外部形体，左侧剖面揭示内部结构之特征。侧视图可以取消。

在考古绘图中，不仅要注重视图的选择，还要正确合理地进行表示。插图中常有这种情况，视图选用比较适当，由于处理不妥使视图之间产生矛盾，影响了说服力。如图一三九所示。

图中（1）、（2）是一件造型精巧、方形兽钮的铜镜，钮座为一怪兽，做卧伏状。镜身素面，直缘，较厚。镜底微弧，轻度腐蚀，光可鉴人。此器原图选用平面图和附加局部剖面图是正确的，但是两图组合排列没有遵照视图及其展开的基本原理处理，致使两图间兽钮姿态彼此相驳。不仅如此，剖面图中还漏画了两条明显的棱线。而图中（2）的组合形式既正确而又合理，是一种完美地表达方形兽钮铜镜的视图。

图中（3）、（4）为圆形挂饰。圆形，周缘平，中间隆起，中间四周饰凹

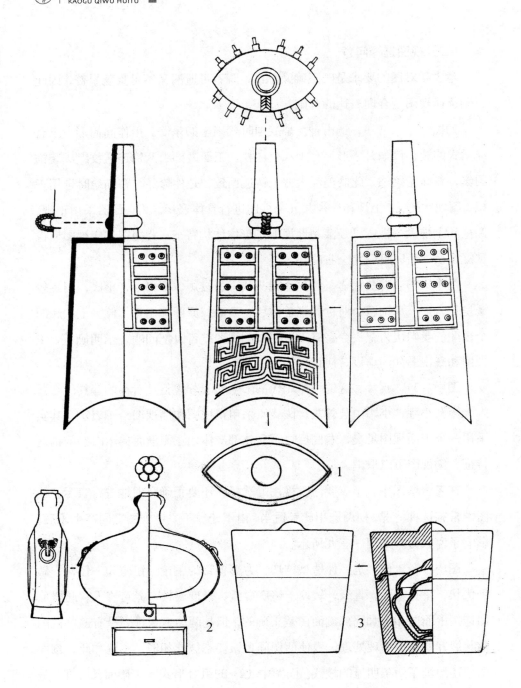

图一三八 器物视图的选用与分析图例
1.甬钟背、底两视图可省略 2.蒜头壶上、底视图可省略 3.石盒左侧视图可省略

第十章 ◎ 插图的阅读与分析

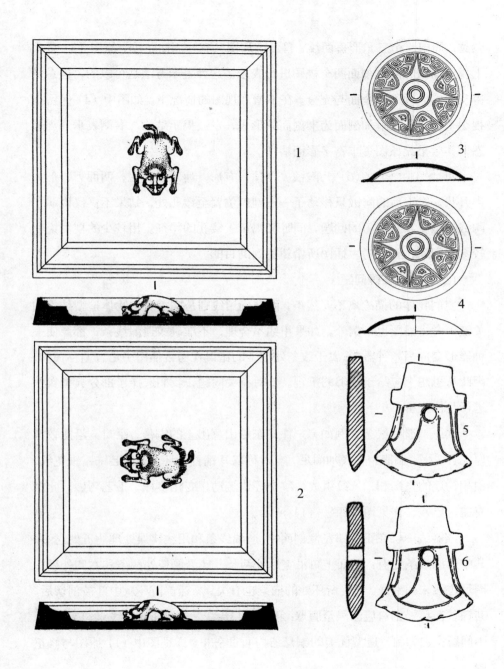

图一三九 器物视图组合对比与分析图例
1.3.5.原视图组合比较差 2.4.6.修正后组合图比较正确合理

弦纹，周围八个三角形兽面纹，兽面纹周围又有一周凹弦纹。原图（3）采用上视平面图和附加剖面两个视图进行表示。这种表示方法是可以的，但总觉得反映的问题不够全面与充分。在不增加视图的情况下，如图中（4）保留上视图全貌，修正附加剖面为半剖面的形式，左边揭示结构，右侧表示外观形态，其效果比原图更丰富多彩而清晰。

再如图中（5）、（6）为陶钺。平顶，有肩，肩下镂直孔，两面刃，形如半月状。修正后的陶钺只移动了一下剖口位置至镂孔处，结果不仅仅说明了陶钺的壁厚和双面刃的问题，同时又揭示了镂孔的特征。用较少的视图说明较多的问题，正是考古插图所希望达到的目的。

（三）用线准确问题

空间物体的描绘离不开线条，而准确用线则是完美表达物体造型结构的关键。考古插图也不例外，如果用线不合理，不准确或遗漏线条，都会使一种器形变成另一种器形。属于线条处理上的错误在考古插图中是普遍存在的，因此从思想上应给予足够的重视。针对有关问题，我们选择了部分典型实例进行具体分析。

其一，遗漏线条。例如有一件广东松山墓出土的铜罍。平口，沿比较宽厚，肩缓平，圆腹，平底加圈足，有对称双耳铺首衔环。器体装饰错银花纹，由相钩连的飞鸟和云气纹组成，纹饰轻快流动，变化多样，工艺巧妙。此器有盖，已残。详见图一四〇（1）所示。

该器线图仅在正视图左侧剖面中，遗漏线条和用线错误处理达五处之多。其中遗漏线条处有：剖面上口沿宽后处两条、底沿厚棱处两条和右侧外视图圈足边线未画到底。铺首衔环处的描绘也有失误。铺首衔环从中部被剖切后，其铺首衔环处剖口应涂黑至腹壁；环的剖口涂黑，未剖部分用线双勾其轮廓，中间留空白即可。造型优美的铜罍结构面目全非。详见图中（1）原图与修正图。

图中（2），三足圆鼎，左侧为照片，右侧为线描图。在报告文字中说该器有环形直耳，平沿，直口，腹近直，圆底，柱足。腹上部饰夔龙纹，间以

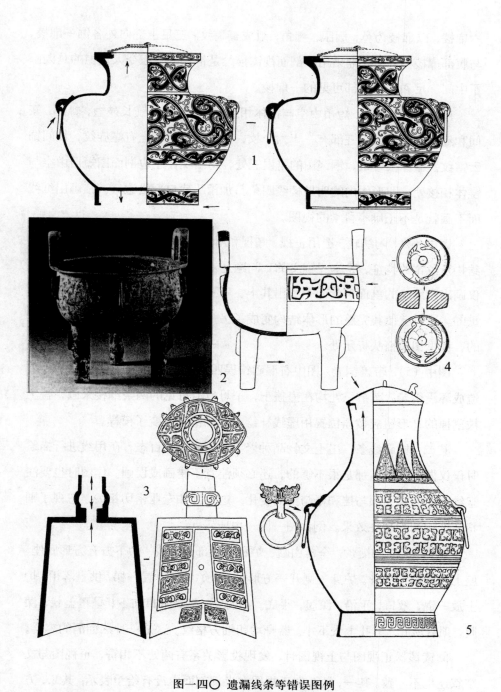

图一四〇 遗漏线条等错误图例
1.铜罍(左图错,右图正确) 2.空耳三足鼎(左照片,右错图) 3.铜铙(附加剖面漏画线)
4.陶纺轮(附加剖面错图) 5.带盖铜壶(剖面错图)

六扉棱，以扉棱为鼻，圆眼、弯角，组成饕餮纹。三足上部向外各饰一扉棱，与腹部扉棱相同。此鼎采用半剖面视图描绘是恰当的，但令人遗憾的是漏画了中间一足和右耳下部可见的一扉棱。

图中（3），铜铙。短甬中空与铙体相通。有干无旋，钲长鼓短，舞部、篆间和隧部饰云雷纹。钲部有三十六个枚，枚体乳头状，上有螺旋纹，枚间饰云雷纹。器身很厚重。铜铙图的错误五处，均出现在左边剖面图短甬中空与铙体相接处，即形体内的明显棱线四条另加甬头残口后沿边线。该画出细线而不画就是不正确不科学的视图。

图中（4），陶纺轮。选用正视、底视和附加剖面图加以突出说明其形体、结构及纹饰的特征，是毫无疑义的。问题是对附加剖面的技术处理不妥。仅仅画出陶纺轮的剖面形状而不绘出其上、下孔边沿可见轮廓线，这是极不慎重的。这样就使其完整的形体结构变成了另一种分离式的结构。因此是错误的，详见图中箭头标示处。

图中（5），带盖铜壶。图中有漏画错误四处。兽耳衔环剖口处处理失误，造成环没衔着。其余三处均在壶盖上，子母口沿可见的两条细棱未画，盖上被剖掉的鸟形钮应按原位置用虚线补绘。否则铜壶就变了模样。

其二，错画线条。出土文物品种繁多，形体千姿百态，在用线进行描绘时仅仅做到不遗漏那是很不够的，还必须注意不错画或误画。作图时也要注意线的曲与直、顿与挫和粗与细的变化。这些都和专业密切相关，忽视了则将会影响图的最终效果。例如图一四一中所示。

图中（1），陶甑炉。全器由甑、炉和锅三部分组成。炉下方有方形底座，座上有圆筒形炉身。炉身一侧开一方形炉口，炉口处附置一梯，供上落用。炉上放一锅，敞口，平沿，深腹，平底。锅内置一甑，敞口向下，呈覆盖状，深腹，顶有甑孔，其孔上大下小。器身均印细方格纹。这是一种蒸馏酒的容器。

阅读该器正视图与上视图时，发现投影关系有两处不相符，正视图与文字叙述也不一致。其一，甑孔在正视图左半部剖面中没有给予表示；其二，方形底座中心棱角短线也没表示。两处都属漏画，详见图中箭头所指之处。类

第十章 ◎ 插图的阅读与分析

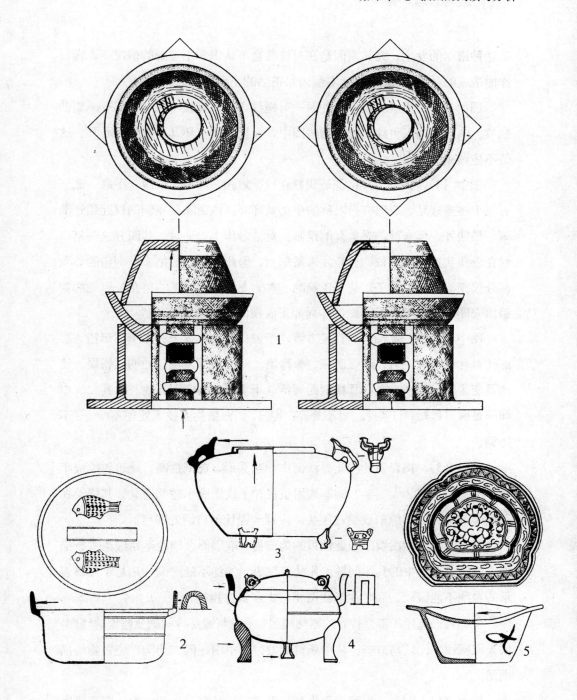

图一四一 错画线条等错误图例
1.陶甑炉（左图错，右图正确） 2.铜洗 3.铜罍 4.铜鼎 5.褐彩瓷枕

似这种错误的发生，究其原因是在对该器物不认识和不理解的情况下，盲目作图造成的结果。图中（1）右侧为修正后的正确视图。

图中（2），铜洗。盘口沿外附一对绳纹环耳，直腹平底，腹部有一周凸弦纹。内底装饰双鱼纹。此器物线图中，误把左侧空环耳处理为实心耳。这是不应该犯的错误。

图中（3），铜罍。其特征是双唇直口，短颈，广肩，鼓腹，平底，底下有三个兽形矮足。肩部有一对称的牛头状环耳。该图除在左侧剖口近颈处漏画一棱线外，再有就是对兽耳的误画。对该器作半剖面时，其四分之一剖口线在兽头头顶中央部位，兽角并未被剖到。因此该器线图把未被剖到的兽角部分误画成剖到的样子，是不正确的。实际上将后面可见的兽角外形轮廓勾画出来即可。详见该器右侧兽耳局部正面视图就清清楚楚了。

图中（4），三足铜鼎。直棱方唇，子母口带盖，盖上有三个环形钮。腹部铸对称的空耳一对。深腹圆底，兽蹄足。阅读视图发现三处明显错误，使该器变了形。其一，左空耳横剖面画得过于宽厚，与实形不吻合；其二，中间一足画得过短，与其他二足不等高；其三，剖面结构内技术处理不统一、不协调。

图中（5），褐彩瓷枕。此器枕面作如意头形，前低后高，枕边斜收成平底，上书写草书"大"字，该器选用正视和上视图表示较为适宜。其错误在于作半剖面时，将中剖线画过了头，应画至瓷枕前口沿处即可。

总之，考古插图要以专业性目的为前提，准确而合理地运用线条进行描绘，说明考古学中的具体问题。凡是应该表示的绝不能遗漏，凡是不应该表示的也绝不能误画。同时注意插图要与文字叙述相符。

下面我们选择了部分较好的器物线图和有这样或那样问题及错误的线图，供大家阅读、比较与分析，从中获得启发。其中图一四二为陶、瓷器物线描视图。

图中（1），陶壶。采用正面半剖视图表示。从器口、颈、肩、腹及器底用线条准确而合理地对陶壶内外形结构特征给予了描绘。

第十章 ◎ 插图的阅读与分析

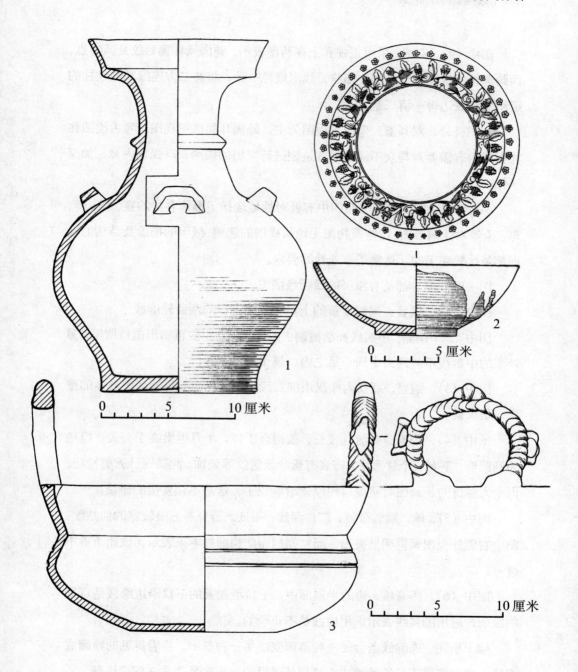

图一四二 较好的陶、瓷器线描图图例
1.陶壶 2.凤鸟葡萄纹瓷碗 3.双耳陶釜

图中（2），瓷碗。采用正视和上视两图表示。碗内凤鸟葡萄纹是其特点，因此选择上视图用线条细心描绘，线形规范一致，将其二方连续装饰纹样的组织方法表达得一清二楚。

图中（3），双耳釜。采用正视图为主，外加耳局部正视图。考古绘图往往根据内容需要对与众不同的局部造型进行突出的描绘，以强调内涵，加深认知。

另外，图一四三和图一四四中有针对性地选择了形体各异的簋、鼎、斝、尊、盉等六件铜器图。这些器物图无论从视图的选用、线形的描绘及结构的处理都是比较完美的，达到了专业性的要求。

图一四五中，都是有错误的器物线描图。

图中（1），铜簋。漏画了簋的上口和圈足下口的两条轮廓线。

图中（2），铜鼎。用实线补绘被剖去的一足时，不应再画出剖口壁厚。另外鼎的中剖线不应画到中间一足之内，属于画过了头。

图中（3），铜豆。豆盘内底仅用细实线画出其轮廓而没能画出具体的壁厚，是失误。

图中（4），铜盉。有流且较长，盖密合于口，半月提梁高于盉盖。腹底为椭圆形，下有三个柱形足，器表有蕉叶云雷纹等装饰。此器设计秀美精巧。但令人惊讶的是画图时将流口用厚壁给堵死了，这是不该发生的错误。

图中（5），碗。圆唇微敛，广口深腹，平底。器身有五道较宽的凹弦纹。图中右侧外视图画得明显突出，而左侧剖面结构则根本未表示。彼此矛盾不统一。

图中（6），四耳罐。罐的半剖面中，上口沿和盖的下口沿边缘线是可见的线条，应用细实线表示。用虚线是不正确的。

综上所述，遗漏线条会使一种器形变成另一种器形，将看得见的线画成虚线，或者将看不见的线画成实线都是错误的，也容易造成多解或误解。

（四）体例统一问题

考古插图要求体例统一。器物图一般要求外视图放在右侧，剖面图放在

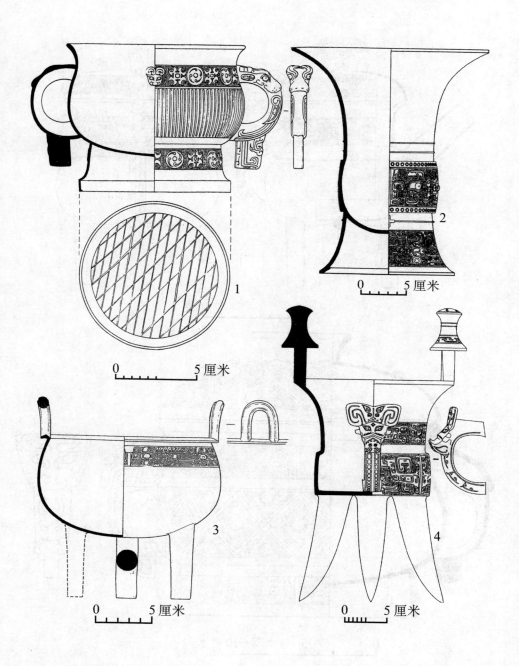

图一四三 较好的铜器线描图例
1.铜簋 2.铜尊 3.铜鼎 4.铜斝

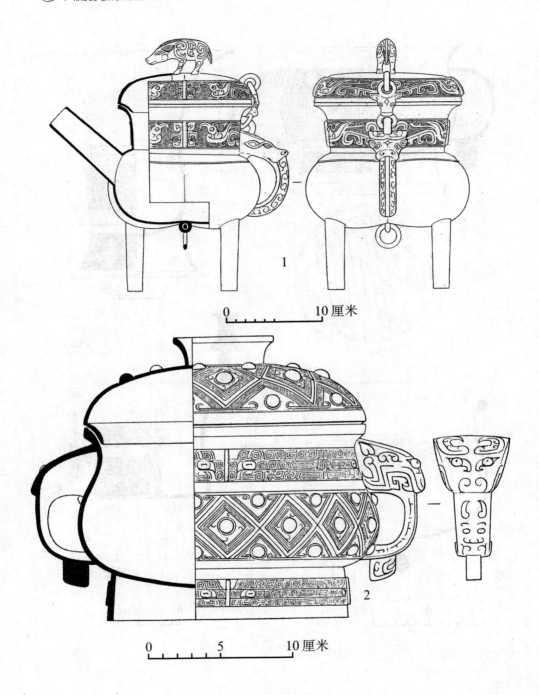

图一四四 较好的铜器线描图例
1. 铜盉 2. 铜簋

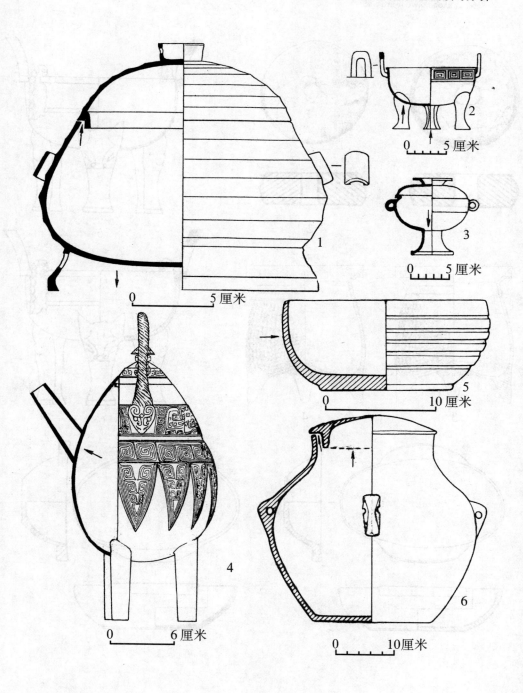

图一四五 有问题及错误的线描图
1.铜簋 2.铜鼎 3.铜豆 4.铜盉 5.弦纹碗 6.带盖四耳罐

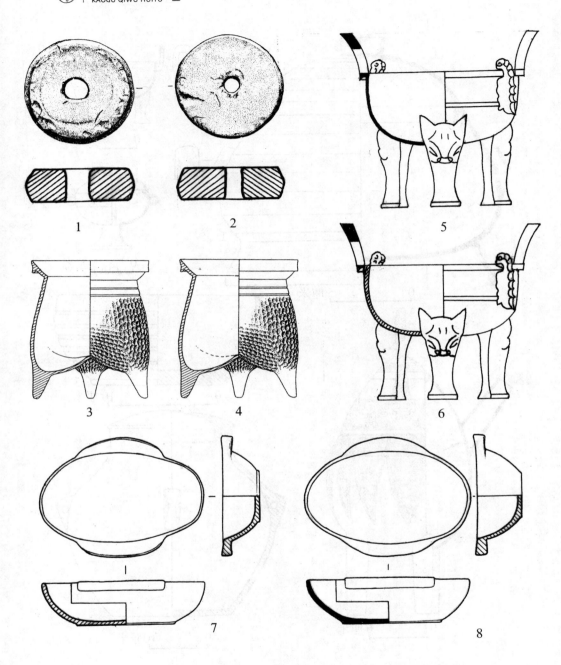

图一四六 同一器物剖面处理要统一一致

1.3.5.7.剖面处理统一正确 2.4.6.8.剖面处理不统一不正确

左侧。

另外对同一器物的剖面处理也要统一,填充线要向左倾斜且密度相等,绝不能随意左右开弓。陶器剖面一律填充细线。而铜器剖面则涂黑表示,不能有的部分涂黑,有的部分排线,要始终保持处理上的统一和完美。详见图一四六所示。

二、艺术性

艺术性的问题是在图正确合理的前提下,所要考虑的问题,这样能增加图的效果,使表示的问题更清楚。

(一)主题明确问题

首先要注意主题明确,使读图的人清楚明白图上所说明的问题。

例如画青铜器器形演变关系的分期比较图表时,其器表繁缛的装饰性花纹及阴影就可以从简。又由于这种组图侧重器型的变化,所以在绘图时可以采用正投影作图法也可以采用轴侧投影法,甚至可以采用照片直接描绘其外形轮廓结构亦可。

图一四七是北京大学《商周考古》一书中的"西周至东周初期铜器演变分期图表",把鼎与簋两种器物的形态变化列表加以排比,以说明其渐进的演变形态图。

如果为了说明青铜器上花纹的演变,就需要详实地给予描绘,必要时可以把花纹进行展开,以说明其纹饰的类别,组织形式,装饰手法等时代特征。当然,在花纹展开时,可根据需要采取灵活的技术手段与方法,可以采用手绘线图,也可利用拓片方法拓出的图形。详见图一四七中的花纹部分。

总之,考古插图与照片不同点之一,就在于可以根据内容的具体需要突出其主题。

(二)组图位置问题

在组图位置上要有主有从,重要的图形要放在明显突出的位置,例如放

	西周早期	西周中期	西周晚——东周初期
	沣西张家坡 M178	沣东普度村长由墓	上村岭虢国墓 M1706
鼎	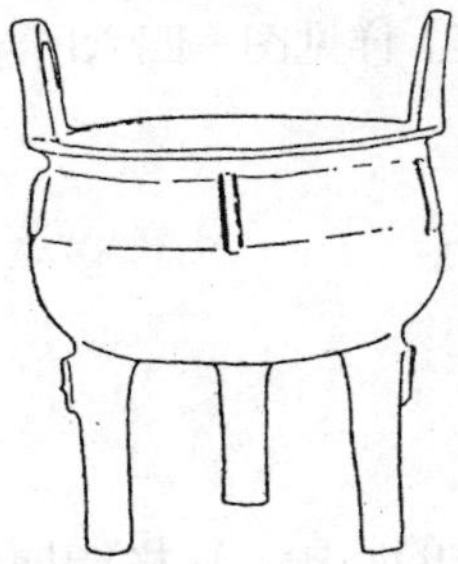	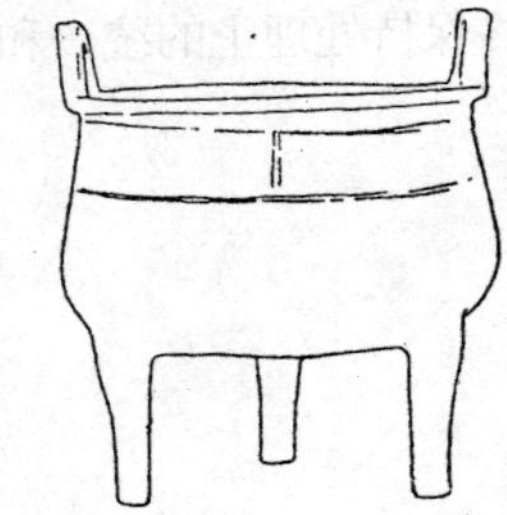	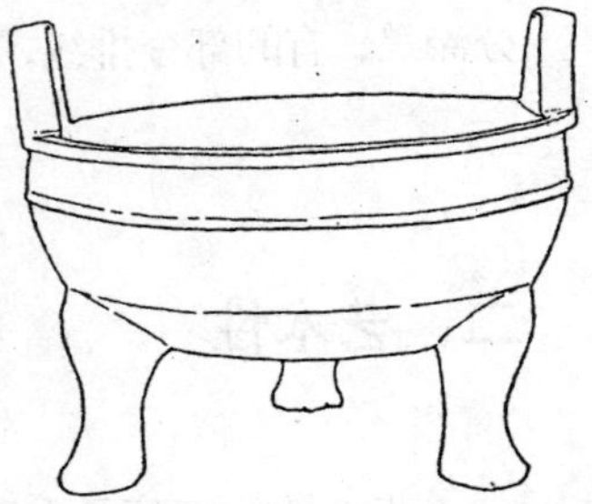
簋	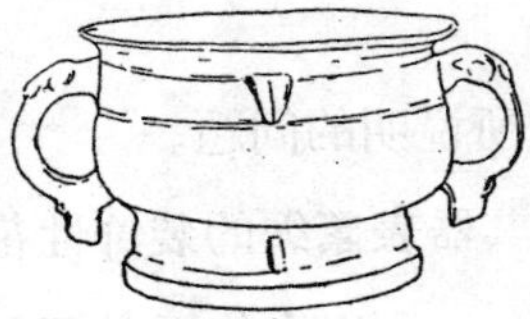		
花纹	 饕餮纹（鼎）  饕餮纹（簋）	 饕餮纹（鼎）  变形夔纹（簋）	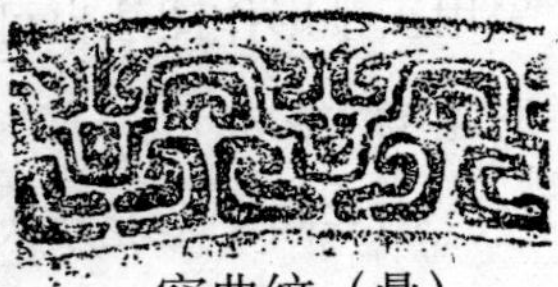 穷曲纹（鼎）  重环纹（簋）

图一四七 西周至东周初期铜鼎与铜簋演变分期图表
上半部：鼎与簋器形比较图 下半部：鼎与簋花纹内容、组织结构比较图

在图的左上角或图的中心部位。一般而言，器物图中典型器物比一般器物重要。图的重要部分要画得明确、细致，图的次要部分则可以画得简练，甚至加以省略。详见图一四八所示。

图中（1）、（2），为蛋壳黑陶豆，是该时期代表性的典型器物，所以在组图中放在图中的正上方，效果很明显。由于蛋壳黑陶豆壁很薄，在剖面处理上采取涂黑的方法。图中（3）-（8）陶器壁较厚，则剖口内仍按常规填充平行线的画法。除此之外，因其质地与结构上的不同，也有意将蛋壳黑陶豆的剖面放在正视图的左侧，而其他陶器剖面放在正视图的右侧。这样的技术处理，增强了对比度，从而也加强了重要图形在组合中的主导地位。

（三）协调美观问题

插图要注意图的协调与美观。在一幅图中，如果有陶器、石器和骨器等，要尽量将同类型、同器种的器物组织在一起，非同类的器物则要保持适当间距。与此同时，同一器物的两个或三个视图之间的位置要靠近些，否则，会给人以分开的感觉，造成画面的不协调。如图一四九所示，就是富河沟门出土的一组有石器、骨器和陶器的组合图。图中器物安排有绪稳妥，比较协调。

在同一幅器物图中，无论视图的选用、阴影的描绘、剖面的处理以及附加剖面的放置部位，都要精心策划，统一考虑，要使图面达到协调统一。如图一五○所示。

同时注意，对四周边的处理要稳定整齐。如图一五一和图一五二所示，就是两组陶器器物组合图。虽然器物形状各异，大小有别，但是由于组织得法，视图体例统一，安排有序，使四角、边也显得稳定整齐，看起来都比较协调美观。

而图一五三和一五四上图两组插图在形式上，则组织安排得很松散，不稳定，不整齐，不协调，不统一。在绘图画法上也错误很多。尤其在图一五三的铜鼎、铜簋、铜壶三件器物中都存在严重的错画、漏画和误画，没有一件器物画得正确合理符合专业要求：其一，鼎的空耳应作剖面表示，左足剖

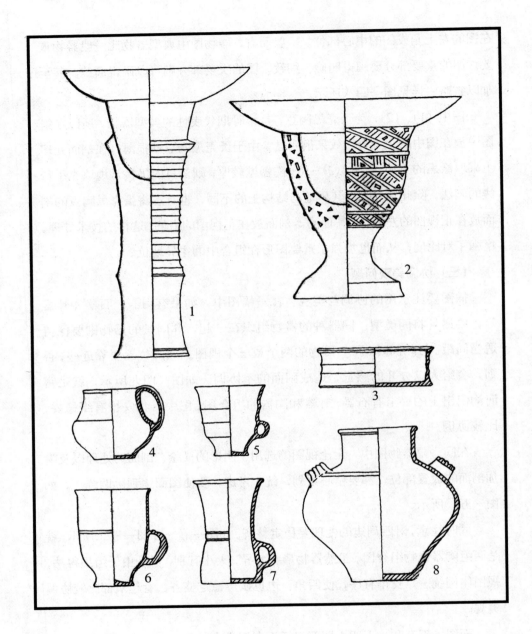

图一四八 山东龙山文化的陶器组合图
1.2.蛋壳黑陶豆(典型器物) 3.盆 4.5.6.7.带耳杯 8.小口双耳罐

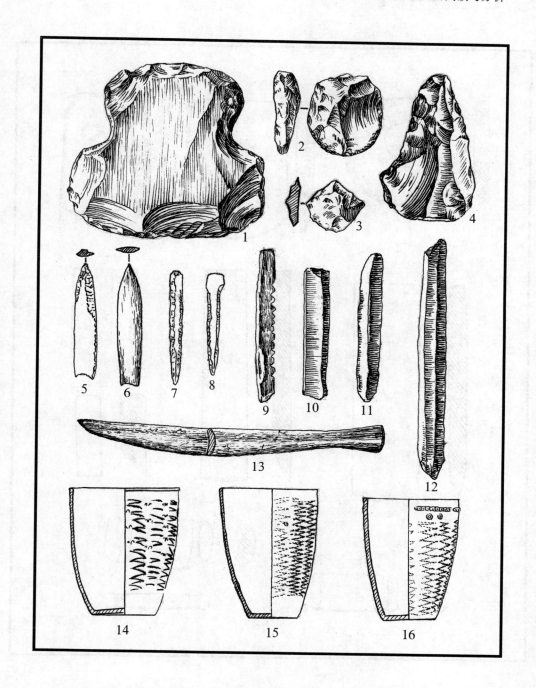

图一四九 富河沟门出土石器、骨器、陶器组合有序
1.石锄 2.砍砸器 3.削刮器 4.尖状器 5.石镞 6.骨镞 7.8.石锥 9.有齿骨器 10—12.长条石片 13.骨刀柄 14—16.直筒形陶罐

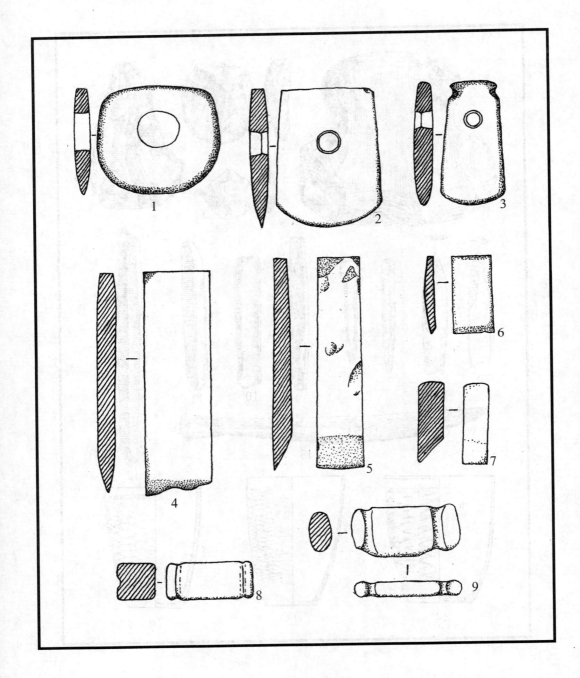

图一五〇 崧泽出土的生产工具组合体例协调一致
1.石锄 2.3.石斧 4.石铲 5.6.石锛 7.石凿 8.9.陶网坠

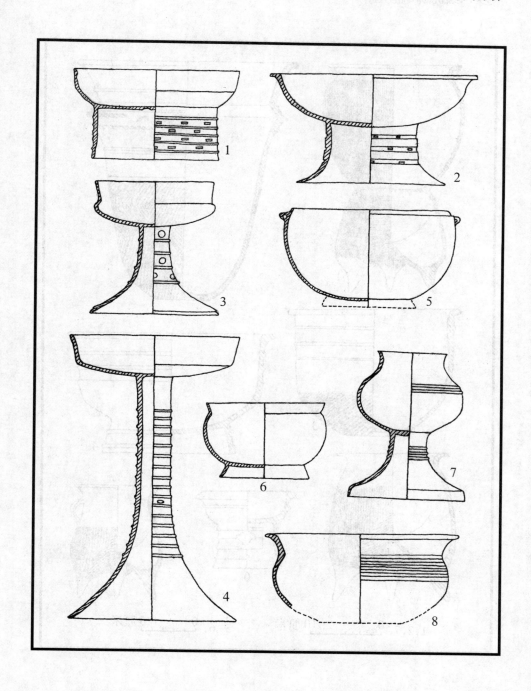

图一五一 器物插图组织、配置和安排较好
1.2.3.4.陶豆 5.6.陶簋 7.高足杯 8.盆

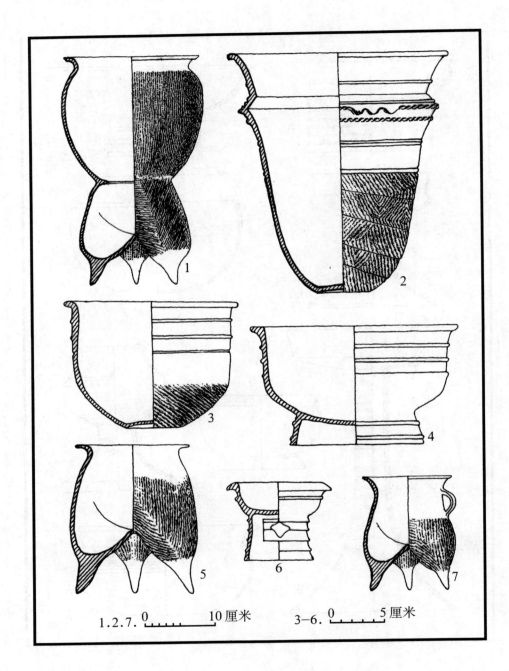

图一五二 器物插图组织得法图面稳定整齐
1.瓶 2.大口尊 3.盆 4.簋 5.鬲 6.豆 7.斝

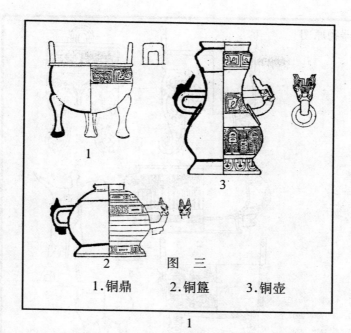

图一五三 铜器插图组合（原图三中）不稳定不协调都有错画问题

1. 原图三中铜鼎、铜簋、铜壶三件器物都存在错画漏画问题，尤其在剖面兽耳处理上严重失真。选自《江汉考古》1983年3期102页。
2. 铜牛首线描图正确合理，具有科学性。其中（a）照片、（b）拓片（原大）、（c）牛首正面线描图、（d）牛首附加剖面图（原大）。选自《金沙淘金》50—57页。

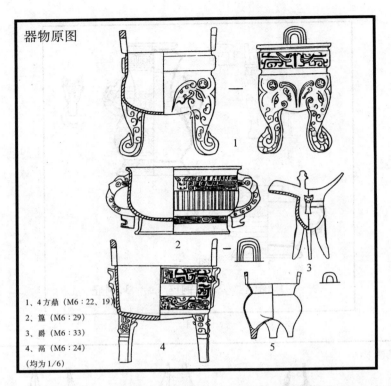

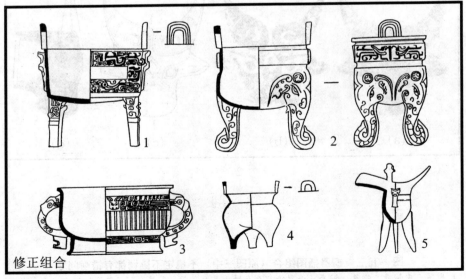

图一五四 铜器插图组合原图与修正图之比较示例

上图：原图组合不协调、不稳定，而且有错画漏画，选自《文物》1996年12期14页。

下图：修正后的组合比较协调，比较稳定，比较统一，而且正确合理。

面表示勉强可以，但足部与鼎底部结合处不应画虚线，应画出实际壁厚。其二，簋的半剖面中，兽耳处理错误，后面可见兽耳并未剖着，应画其外轮廓线，不应涂黑。其三，壶的左侧兽耳之错误与簋耳相同。另外，兽耳衔环的环，中空错画成实心。这是考古画图中不应发生的笑话。

另外，图一五四中，都是铜器，上面原图安排欠妥，修正后的（下图）较稳妥正确。

（四）插图标示问题

在考古报告插图中，有时根据需要做些标示。例如画框，虽然一般不用，但器物分期图表等还是要画图框的。

除外框线之外，内部尚画分格线。画框的大小要根据内容决定。画框线要画得横平竖直，方正整齐，外框宜粗，内线宜细。

这种带图框的图，画好图框线仅是其中的一个方面，处理好图框中的内容是至关重要的。

目前利用图框组织器物图有两种模式。最常见的是采用类型学的方法分解器物特征，然后选择典型器物图标本绘图，按其形制演变过程排列组合。处理这种器物分期图表时，要求将器物图以其型或式四平八稳地置于格子中，并使其上、下、左、右的空隙匀称。例如商代后期陶器分期图表的处理就比较稳妥、明快。详见图一五五所示。

另一种模式是将器物单独或与遗迹部分有机地组织在一起。这种表示方法比较新颖、灵活，可以采用正投影作图，也可以采用透视投影法作图。比例上不甚严格，只要能分出基本器型大小即可。组图时可以穿插，但最好彼此不要叠压以保证器形的完整性。布局时要注意图面的均衡和美观。这种模式的优点在于能够使读者一目了然地看出每一单位内各种遗迹和遗物的共存关系。为了学习和参考，我们选择了有代表性的大汶口M22墓底平面图及器物组合图和M10大型墓单独器物组合图。详见图一五六与图一五七所示。

在考古插图中，凡是需要标示比例尺的组合图都要认真对待，不能遗漏，而且要将其位置安排妥当，最好与器物图离开一定的距离，这可以使图面比

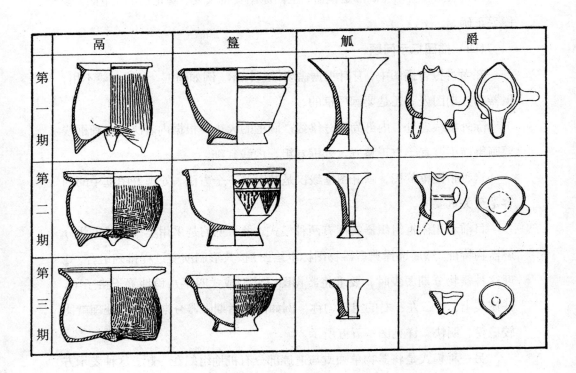

图一五五 殷墟商代后期陶器分期图表

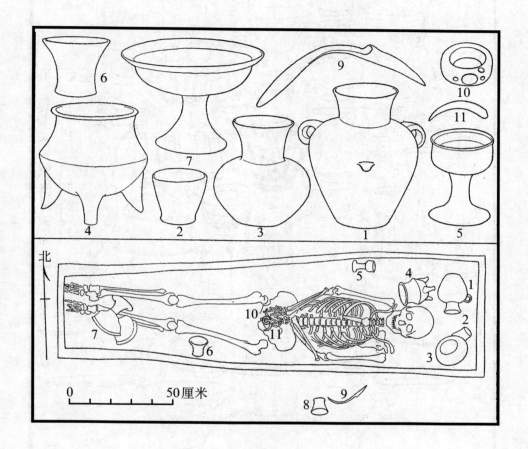

图一五六 大汶口 M22 墓底平面图及器物组合图
1.Ⅲ式背壶 2.6.8.(压在7下)Ⅰ式筒形杯 3.Ⅳ式无鼻壶 4.Ⅳ式折腹器
5.Ⅱ式高柄杯 7.Ⅳ式西柄豆 9.Ⅵ式匕 10.Ⅰ式指环 11.獐牙、猪门牙

图一五七 大汶口 M10 代表性器物组合图

较均衡。另外，在同一组合插图中采用的比例尺可能有所不同，此时可以分别进行标示，然后将比例相同的器物图号标注在该比例尺正前方的近旁即可。详见图一五八所示。

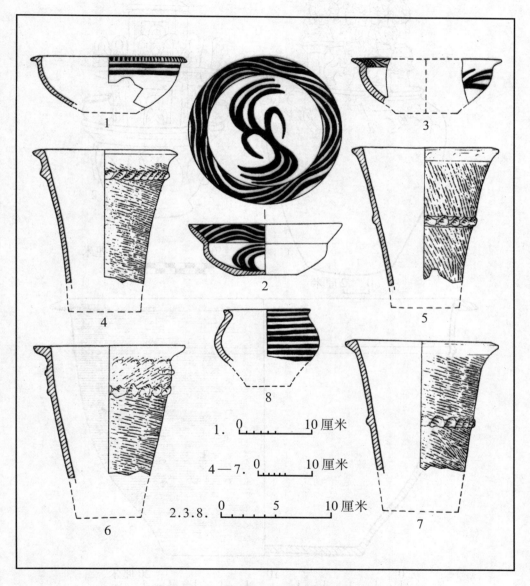

图一五八 组图中比例尺标示明确而均衡
1—3.彩陶盆 4—7.筒形罐 8.彩陶罐

但是，要注意比例尺画得不要过小也不要过大，更不能对其过度装饰美化，以免喧宾夺主。详见图一五九所示。

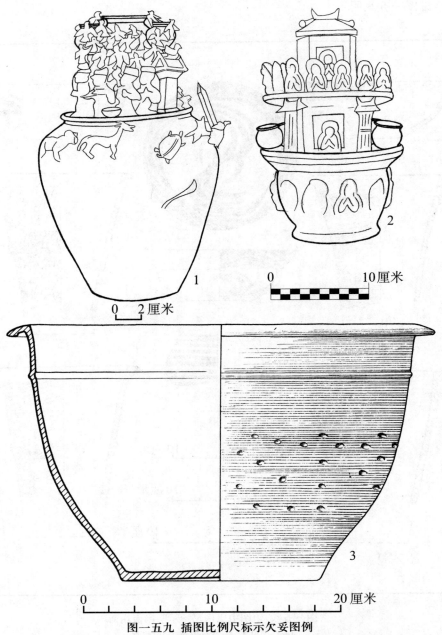

图一五九 插图比例尺标示欠妥图例
1.模型器比例尺画得过小 2.模型器比例尺画得过于装饰美化 3.侈口卷沿盆比例尺画得过大

一般而言，常用的比例尺都是比较简单明确的，在图中的大与小及其摆放位置都要协调适当，绝不能漫不经心地加以处理。

考古器物插图是为考古学服务的，所画的图都要具有科学性，在图的正确合理的前提下，可以适度地施用技术手段进行艺术加工，使图的效果真实、清楚、深刻。为此我们精选了部分典型的清绘器物图进行分析，以供读者学习参考。详见图一六〇、图一六一、图一六二和图一六三。

图一六〇所示铜方座簋，有盖，握柄为圆角方形，直口，竖颈，筒形腹，体表呈瓦棱形状，有对称兽形空耳，下有垂珥，四方空座足。盖、颈饰兽头及目纹，云雷纹铺底。该器选用正视、上视和侧视图表示其外形轮廓和纹饰的分布。利用半剖面揭示内部结构特征。该器选图适宜，排列规范，用线准确，结构表示合理，比例尺大小配置恰当，是比较好的清绘器物图。

图一六一所示铜盉，有盖，顶浑圆，圆形钮。身侈口，束颈，鼓腹，管状流，象鼻形鋬，盖与身由兽形链和盖上桥形环相衔。有三袋形足，盖与颈部饰窃曲纹，底铺云雷纹。

该器依其特征选择正视图和侧视图表示其体貌，同时也很具体地将二方连续的窃曲纹描绘得一清二楚，并且注意了窃曲纹的投影变形。全图用线符合要求，清绘线图精致。

图一六二所示铜鼎，平沿直口，有对称环形立耳，深腹上直下微鼓，圆底，柱足，颈部饰夔龙纹。该器选用一个正面视图表示，以半剖面的形式反映内外形轮廓、结构及其颈部夔龙纹饰。另外加绘了耳部的外视图，以说明耳面上有两道凹形沟槽的特征。除此之外，在鼎的中间一足作了旋转剖面，明确标示出足部中空的结构，利用较少的视图说明了鼎的较多的问题。总之，铜鼎的清绘图，简明扼要，局部视图配置合情合理。不仅如此，从鼎底描绘出的一道范间体的曲线不难看出作者观察事物的用心和忠于原物的态度，这都是值得学习和参考的。

图一六三所示铜提梁卣，带盖通高21.4厘米，口径长11厘米。盖口、圈足上皆有一带蚕纹纹饰。盖上与腹上为兽面纹，腹上部中间有兽头，云纹铺地。

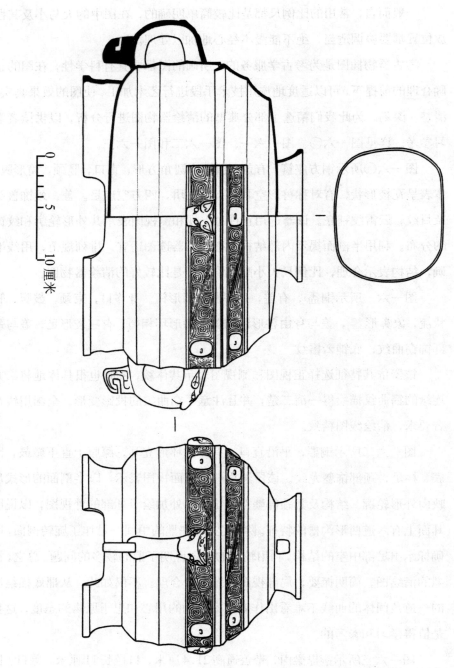

图一六〇 铜方座簋的三面视图组合排列及清绘图例

第十章 ◎ 插图的阅读与分析

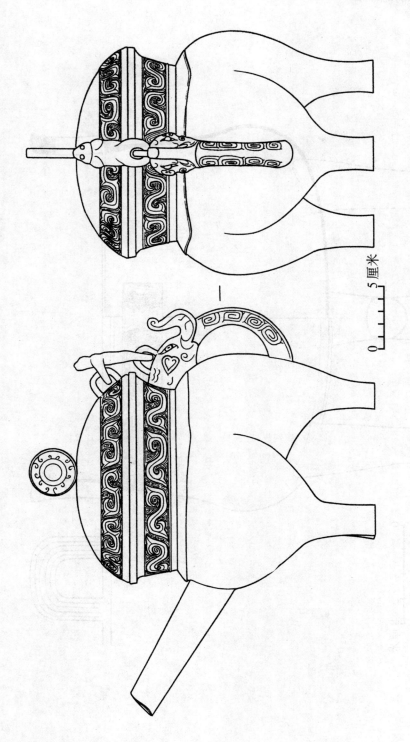

图一六一 铜盉的两面视图清绘典型图例

· 231 ·

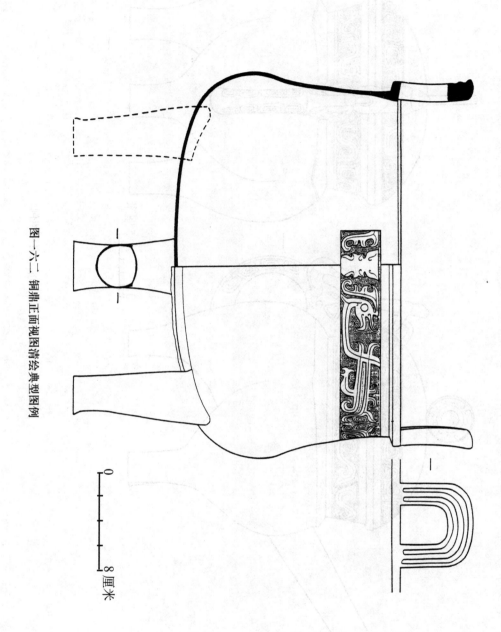

图一六二 铜鼎正面视图清绘典型图例

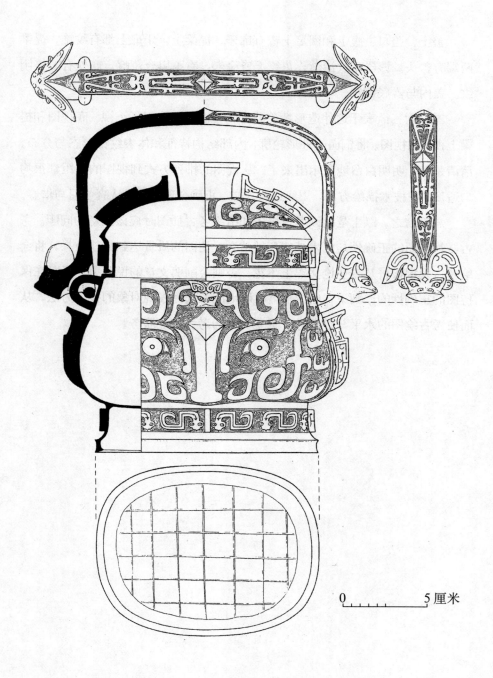

图一六三 铜卣的四视图清绘典型图例

盖上、盖口、腹上和圈足上皆有扉牙。提梁上、牙扉上都有纹饰，提梁两端有兽头。该器花纹清晰，花纹上皆涂朱，看不出合范痕。底处有方格阳纹。盖内与器底铸铭。

图一六三欲表示这件造形精美的器物，恰当地选用了正视、底视图和提梁上视、侧视图。将铜卣的外形轮廓，内部结构特征和体表纹饰形态与分布，清清楚楚、明明白白地表示出来了。从视图的排列方式到视图的间距都很均匀适度。在技术描绘方面，用线细致入微、正确合理，值得认真学习与借鉴。

总而言之，以上是阅读考古报告和组织考古插图时应该注意的问题。考古器物绘图的正确性与艺术性的巧妙结合，使图的质量达到最佳效果，将会给考古发掘报告及专业论文锦上添花，否则会削弱文章的说服力。所以在保持图的正确性的原则下，应力求更准确地注意选择表现对象的技术方法，从而使考古绘图的水平与时俱进，更完美地为考古事业服务。

主要参考书目

《考古学基础》，中国科学院考古研究所编（其中第叁部分《考古绘图》——郭义孚）科学出版社 1958 年版。

《考古工作手册》中国社会科学院考古研究所编（其中《考古绘图》——张孝光、郭义孚等）。文物出版社 1982 年版。

《文物参考资料》1953 年第九期（116—153 页《考古应用绘图》——徐智铭）。中央文化部社会事业管理局出版。

《制图学》中《投影原理》部分。邓庆成编。高等教育出版社 1959 年版。

《西安半坡发掘报告》中国科学院考古研究所编辑。文物出版社 1963 年版。

《长沙发掘报告》中国科学院考古研究所编。科学出版社 1957 年版。

《商周考古》北京大学历史系考古教研室商周组编著。文物出版社 1979 年版。

《大汶口》山东文物管理处、济南博物馆编。文物出版社 1974 年版。

《满城汉墓发掘报告》中国社会科学院考古研究所编辑。文物出版社 1980 年版。

《广东出土先秦文物》广东省博物馆、香港中文大学文物馆合办。1984 年版。

《广东出土晋至唐文物》广东省博物馆、香港中文大学文物馆合办。1985年版。

《华夏考古》1990年第一期（92—112页《报告插图的画法和使用》——张孝光）。河南省文物研究所办。

《天马—曲村》北京大学考古学系商周组、山西省考古研究所编著。邹衡主编。科学出版社2000年版。

《庙底沟与三里桥》中国社会科学院考古研究所编辑。科学出版社1959年版。

《元君庙仰韶墓地》北京大学历史系考古教研室和中国社会科学院考古研究所编。文物出版社1983年版。

《宝鸡北首岭》中国社会科学院考古研究所编著。文物出版社1988年版。

《师赵村与西山坪》中国社会科学院考古研究所编著。中国大百科全书出版社1999年版。

《中国古代制陶工艺研究》李文杰著。科学出版社1996年版。

《安阳殷墟考古研究》孟宪武著。中州古籍出版社2003年版。

《长沙马王堆二、三号汉墓》第一卷《田野发掘报告》。湖南省博物馆、湖南省考古研究所编著。文物出版社2004年版。

后 记

考古绘图是具体地将制图学应用于考古工作和研究中,用制图学的理论与技术说明考古材料,直接服务于考古学的一门技术性学科。如果从事文物考古工作的人员不会画考古图,就难于开展考古实践,也搞不好考古研究工作。

纵观国内有些考古发掘报告及文物考古刊物上发表的器物插图,有的质量不高,有的存在错画漏画等问题,削弱了论著的科学性和说服力。作为一名教授考古绘图多年的教育工作者,总感觉到内疚和汗颜,也感觉到时代赋予自己的责任。

盛世修志,梦笔生花。作者为此功苦食淡,退而不休,集几十年教学与科研的经验与心得,将经年积累的资料加工整理,潜心研究并撰写成《考古器物绘图》一书。

本书共分十章,包括绪论、投影绘图的基本原理、室内器物绘图的主要方法、各类型器物具体画法与基本要求、器物的剖面及剖视图、器物花纹的描绘及展开以及插图的阅读与分析等。各章节都从文物考古工作的实际需要出发，选择典型实例，全面而系统地介绍器物绘图的基本原则和方法。通过比较分析，帮助读者掌握考古绘图的最佳手段和技法，较快地提高作图水平，以达到学以致用的目的。

本书可作为大学考古文博专业或考古训练班技术课教材，也可作为考古器物绘图工作手册使用。

本书入选2007年北京高等教育精品教材建设立项，并得到市教委的资助。这对此书的出版起了关键作用，为此表示感谢。

在本书撰写过程中，北京大学考古文博学院领导提供了支持和帮助，学院老教授、老专家给予了关心和鼓励，我的恩师、中国社会科学院考古研究所高级工程师郭义孚先生更是给予了细针密缕的无私传授。

还要特别感谢的是，著名考古学家、中国考古协会名誉理事长、北京大学85岁高龄的老教授宿白先生亲自审阅了书稿并挥毫提写了书名。考古学家、北京大学考古学系前系主任、教授严文明先生也审阅了书稿并在繁忙中欣然为本书作序。

北京大学考古文博学院前院长高崇文教授、院长赵辉教授和北京大学出版社前办公室主任李卫东先生等良师益友，也对本书提出了宝贵意见，北京大学出版社张晗编辑为书润色，在此一并深表谢意。

我的妻子赵岩同志对本书的出版作了大量的工作。本院学生张钊同学也为本书付出了辛劳。

本书的撰写引用和参考了一些有关论著，部分随文进行了说明。在此一并向诸位表示最诚挚的谢意。

由于作者水平有限，书中错漏之处在所难免，希望读者批评指正，以便再版时修订。

马鸿藻
2007年10月于北大燕园